看透银行

投资银行股从入门到精通

价投谷子地 著

中国经济出版社
CHINA ECONOMIC PUBLISHING HOUSE
·北京·

图书在版编目（CIP）数据

看透银行：投资银行股从入门到精通／价投谷子地著．--北京：中国经济出版社，2021.4（2025.10 重印）
ISBN 978－7－5136－6444－8

Ⅰ.①看… Ⅱ.①价… Ⅲ.①股票投资－基本知识 Ⅳ.①F830.91

中国版本图书馆 CIP 数据核字（2021）第 055829 号

责任编辑　燕丽丽
责任印制　马小宾
封面设计　任燕飞

出版发行　中国经济出版社
印 刷 者　河北宝昌佳彩印刷有限公司
经 销 者　各地新华书店
开　　本　710mm×1000mm　1/16
印　　张　16
字　　数　220 千字
版　　次　2021 年 4 月第 1 版
印　　次　2025 年 10 月第 6 次
定　　价　58.00 元
广告经营许可证　京西工商广字第 8179 号

中国经济出版社　**网址** www.economyph.com　**社址** 北京市东城区安定门外大街 58 号　**邮编** 100011

序
PREFACE

为什么要研究银行

2018 年国庆假期期间，笔者曾通过微信公众号就如下问题征求过读者的意见：除了我平常写的银行股票分析、投资心得和财经时事点评，大家还想要我分享些什么？很多朋友反馈想要了解银行业的基础知识，这个反馈在笔者意料之中。笔者发现，虽然全国股民有上亿人，但是银行的股东大概只有几百万人，而且这几百万人中多数对于银行的基本认知是很匮乏的。笔者作为一个投资银行类股票超过十年的老股民，认为自己有责任把自己对银行的认识分享给广大的投资者，帮助有意投资银行股的投资者少走弯路。

银行是现代金融业的主体，是国民经济运转的枢纽。银行业号称“百业之母”“经济的润滑剂”，其经营和国家的宏观经济息息相关。在中国投资市场上，银行板块可谓举足轻重。一方面，由于我国主要的国有商业银行、股份制商业银行已经全部上市，市值在主板指数中权重非常高；另一方面，银行也始终保持着蓝筹的本色，多年来上市银行贡献的净利润和分红每年几乎占全部 A 股上市公司的一半左右。所以，对于期望通过投资股市分享国家经济发展成果的投资者来说，银行绝对是一个不能错过的板块。

但是，近年来整个投资界和媒体充斥着对银行污名化的言论，完全无视银行体系对我国经济建设所起的重要作用。很多传统媒体、自媒体片面地引用不准确的数据，宣扬银行利润占比过高，是躺在实体经济上的“吸血鬼”。这些言论是对事实的严重歪曲。

银行在现代经济中起到的主要是信用中介的作用。银行吸收社会的闲散资金，通过风险定价将这些资金投放到生产中，促进社会经济的发展。银行的息差除了满足必要的营业利润、营运成本外，主要是为了应对和吸收信贷风险。因此，银行不仅不是实体经济的“吸血鬼”，反而是在帮助实体经济“造血”。

通过研究银行的经营数据，投资者可以对社会经济的整体运行规律有一个清晰的认识，对于投资或理解社会的发展都有重要的意义。因此，笔者才会将大量的时间和精力投入对于银行业基本面的研究分析。撰写本书，一方面是为了给银行业正名，另一方面也是将自己的认知分享给有缘人。

在本书中，笔者将阐述以下内容：银行的主营业务，包括负债、资产和中间业务；银行的收入、费用与银行业特质；以及银行的未来、如何对银行进行估值、银行财务报表的分析；最后附上几篇与银行相关的杂文，关注的是长期以来人们关于银行争论颇多的话题，期望可以帮助读者更全面地了解银行。此外，本书结尾一节是关于招商银行的分析文章，虽然数据稍显陈旧，但核心在于展示分析银行类企业的逻辑，并系统说明招商银行的“护城河”。期望本书可以对广大银行股投资者有所助益。

虽然笔者投资银行股有十多年了，但是笔者并非金融专业出身，也从未在银行、券商等金融机构任职。本书的全部内容来自一个老股民对银行业的朴素认知。所以，如果大家在本书中发现任何错误，请不吝赐教，你们的每一处指正都是笔者查漏补缺的一个好机会。

目 录
CONTENTS

第1章

银行的负债业务

1.1 负债概述

想要了解银行的主营业务，首先就要从银行的负债业务谈起。银行负债业务的主要目标就是给银行提供放贷用的资金。现代银行的业务模式和我们日常生活中的个人借贷不同，平时我们借钱给亲戚朋友是用我们自有的资金，而银行放贷的资金只有很少一部分是自有的，多数是从个人或机构吸纳或拆借过来的。

银行本身重要的职能之一就是从社会上吸收闲散资金并贷给需要资金周转的企业或个人。如果把银行比作一家饭馆，负债业务就是饭馆的原料采购部。俗话说，巧妇难为无米之炊，没有原材料，自然很难做出一桌丰盛的大餐。如果负债业务比较弱，银行的其他业务自然也不好开展，这二者是一样的道理。

而考察一家银行的负债业务是优秀还是平庸，最重要的指标就是负债成本。负债成本包含两部分：一个是直接成本，一个是间接成本。直接成本是指银行全部计息负债的综合利率，用综合利率乘以计息负债就可以得到一家银行的利息支出。间接成本是指银行为了获取足够多的负债需要投入多少营运费用，包括网点租金、人工薪酬、设备采购费等。虽然营运费用里既包含了负债业务的营运支出，也包含了资产业务的营运支出，但是通过对比营运费用和计息负债的规模，我们还是可以窥见各家银行的间接负债成本。笔者选取 9 家典型的大中型银行 2017 年年报中的负债数据为例进行分析，见表 1. 1。其中，按照营运费用由负债业务和资产业务各占一半的标准来计算负债的间接成本。

表 1.1　2017 年 9 家典型银行的负债成本

银行	2017 年计息负债总额（亿元）	2017 年计息负债利率（%）	2017 年利息支出（亿元）	2017 年营运费用开支（亿元）	2017 年负债间接成本（%）
工商银行	216180.65	1.57	3395.16	1777.23	0.41
农业银行	177685.15	1.53	2717.69	1770.10	0.50
中国银行	168554.54	1.69	2842.27	1369.63	0.41
建设银行	190386.79	1.56	2976.98	1591.18	0.42
招商银行	54914.55	1.77	971.53	667.72	0.61
浦发银行	54937.69	2.53	1389.06	410.47	0.37
民生银行	54252.25	2.66	1443.58	457.61	0.42
兴业银行	58400.29	2.81	1641.93	381.30	0.33
平安银行	28989.43	2.55	740.59	316.16	0.55

注：表中负债利率并非精确数据，因此负债总额乘以利率计算得出的利息与表中利息支出有误差。

从表 1.1 中不难看出，把这 9 家银行按负债能力划分，可以分成两大阵营，第一大阵营是四大行（指工、农、中、建四大国有商业银行，下同）。2017 年，四大行的直接计息负债成本稳定在 1.53% ~1.69%，而且四大行的间接计息成本也稳定在 0.41% ~0.50%。四大行的负债成本如此之低，一个重要的原因就是过去几十年开设的遍布全国各地的网点。虽然电子银行、手机银行等金融科技的发展正在逐渐抵消四大行的网点优势，但是“瘦死的骆驼比马大”，在未来十年内，股份行（指股份制商业银行，下同）都不可能在负债成本优势上赶超四大行。

第二大阵营就是“浦民兴平”这四家股份行。这四家股份行的直接负债成本在 2.53% ~2.81%，明显高于四大行；间接成本除了最近开始搞零售的平安银行稍高外，其他几家的间接成本甚至比四大行还要低。这主要是因为这几家股份行都是以对公业务为主，负债结构中零售客户的负债占比较低。

在这两大阵营以外的招商银行（以下简称“招行”）就显得很特殊。招行的直接负债成本略高于四大行，但是又远低于其他股份行，间接负债成本是表中所有银行中最高的。这和招行“服务高端人群”的战略定位有一定的相关性。

除了负债成本外，考察负债能力的另一个指标就是流动性覆盖率。这一指标能够反映银行在未来 30 天内是否有足够多的流动性资金来应对资金流出的压力。这一指标是从 2014 年开始推行的，并要求逐年提高达标线，2018 年以后需要高于 100%。这一指标的本质是压缩银行利用期限错配进行套利的空间，降低了这种操作带来的流动性风险。

期限错配是什么？期限错配在金融行业的表现是资金来源短期化、资金运用长期化。这种现象在银行中属于常规操作。银行的资金成本和资产收益一般和时间周期正相关，久期越长的资金，其成本或者收益率也就越高。那么银行的“短借长贷”操作实际上是为了获取期限错配的超额收益。但是，这一模式正常运行的前提条件是：短期负债到期后可以续借，一旦负债不能续借或者利率大幅上行，就会产生流动性风险或利率倒挂。

让我们回到流动性覆盖率，其计算方式为：流动性覆盖率 = 合格优质流动性资产/未来 30 天现金净流出量。无论是“优质流动性资产”，还是“未来 30 天现金净流出量”，针对不同的资产和负债都有特定的折算比例，这里就不详细阐述了。

为了提高流动性覆盖率，要么做高分子，要么降低分母。做高分子需要增加商业银行对高流动性优质资产如国债、政策金融债等利率债的持有，同时降低对二级资产如同业存单、一般工商企业债等的配置。降低分母则意味着商业银行主动控制现金净流出，即寻求长期负债来替代短期负债、寻求稳定性较高负债（存款等）替代流动性较高负债（同业负债等）。所以，如果银行能够吸纳更多的稳定负债，则该银行在“流动性覆盖率”这一指标上的压力就要小得多。

所以，从上面的概述中可以看出，负债对于银行业务的稳定发展至关重要。既然明确了负债业务对于银行的意义，下面我们就分别看看不同负债业务的特点。

1.2 存款业务

存款业务是银行负债业务的基石。国内绝大多数银行的存款余额占全部负债余额的50%～80%，所以，国内银行业过去一直有“存款立行”的说法。虽然前几年在同业业务发展起来后，存款业务的重要性一度有所降低，有些银行从业者甚至喊出了“资产立行”的说法，但是，随着2016年以后“金融降杠杆”政策和流动性匹配率监管的推进，更多的银行开始回归重视存款的发展路径。

1.2.1 存款的分类

存款按照存期可以划分为两大类：活期存款和定期存款，相信只要是有银行账户的人都明白二者的区别。定期存款还可以按照久期的不同分为3个月、6个月、1年、2年、3年、5年等。另外有一些比较特殊的存款，包括：通知存款、协议存款和结构化存款等。

通知存款本身是介于活期和定期之间的一种无固定期限的存款，存款人必须预先通知银行方能提取。在我国常见的是1天通知存款和7天通知存款。通知存款按日计息，利率视通知期限长短而定，一般高于活期、低于定期存款。

协议存款是银行与其他机构法人或法人授权机构，通过签订协议约定存放利率，办理的一定期限、一定金额以上的存款业务。由于机构法人掌握的资金量大，所以谈判的筹码就多一些。最终机构能够拿到的协议存款利率远高于银行给出的普通存款利率，而且除此之外可以得到很多流动性的支持。

协议存款最典型的案例就是余额宝。余额宝背后对接的是天弘基金的货币基金，这个货币基金和很多银行签订了存款协议，要求银行提供相对较高的利率，但是又要求提供实时赎回的便利。这种存款只针对机构客户，普通储户是享受不到这种待遇的。

这里给大家纠正一个错误认识，很多人认为储户购买了某宝或者某货币基金，银行吸收的存款就减少了。这是一个明显的误解，储户将存款转化为某宝或者某货币基金的时候，实际上是钱从个人存款科目转移到了公司存款或者同业存款科目。所以，银行业总体的存款不会减少，只是负债的成本可能会上升。类似地，购买股票或者购买国债也都不会减少存款总量，只是存款从一个个体转移到另一个个体或者机构账户上。

最后要介绍的一类是结构化存款。结构化存款是一种将存款和金融衍生品相结合的产品。结构化存款通常可以保本，利息可以有保底利息，也可以没有保底利息，但是一般最高可能的收益率会远远高于普通存款的收益率。具体的产品设计大概是这样的：当用户购买了结构化存款后，银行实际上是把吸纳的资金存了定期，然后通过把定期存款应得的利息用于买入一种衍生品，比如黄金看多期货或者黄金看空期货，如果押中了正确的衍生品，那么从衍生品获得的额外收入就会计入对客户的利息。

除了按照存期划分，银行的存款还可以按照客户的性质分为：对公存款（公司存款）和零售存款（个人存款）。这两种存款具有完全不同的特性。对公存款，顾名思义就是企业的存款。由于企业的流动性需求比较大，所以，对公存款的活期占比较高，且相对稳定。

另外，对公存款本身有相当一部分是由对公贷款派生的。举个例子，当企业 A 向银行 B 贷款 1 亿元进行新生产线建设，银行 B 放贷后，通常企业 A 并不会马上把这 1 亿元用完，比如只用了 5000 万元支付厂房建设费用，剩下的5000万元用于生产设备采购的款项，需要等厂房建好才会使用。那么这期间，B银行就会要求A企业把暂时不用的5000万元存放在银行，重新变成对公存款。这种现象就叫作对公贷款的派生存款。而零售业务基本不会出现这种贷款派生存款的情况。相对来说，零售客户更注重存款的收益率，不太注重流动性管理，所以一般银行零售存款的活期占比会低于对公存款，但是也有个别相反的情形。

1.2.2 如何评估银行吸收存款的能力

前面分析过存款对于银行的重要性，存款的多少在一定程度上决定银行资产负债表扩张的速度，也就间接决定银行的利息收入。所以，如何评估银行吸收存款的能力，对于投资者来说就是一项基本功。

评估标准：数量和质量

银行吸收存款的能力主要考察两个方面：数量和质量。所谓数量就是吸收存款的绝对数量和相对增速；所谓质量就是银行吸收存款的直接成本。对于数量指标，可以比较较长一段时间的存款增长率；对于存款质量，则可以横向对比不同银行的存款成本。

首先，考察主要银行从2008年到2017年的存款增速情况，见表1.2。从表中不难看出，主要银行的存款增速中，四大行的年化增速明显偏低。而考察的9家银行中，平安银行和兴业银行的存款增长是最快的。

表1.2　2008—2017年主要银行存款增速

银行	2008年存款总额（亿元）	2017年存款总额（亿元）	增长率（%）	年化增长率（%）
工商银行	82234.46	192263.49	233.80	9.90
农业银行	60974.28	161942.79	265.59	11.46
中国银行	51733.52	136579.24	264.01	11.39
建设银行	63759.15	163637.54	256.65	11.04
招商银行	12506.48	40643.45	324.98	13.99
浦发银行	9472.94	30379.36	320.70	13.82

续表

银行	2008 年存款总额（亿元）	2017 年存款总额（亿元）	增长率（%）	年化增长率（%）
民生银行	7857. 86	29663. 11	377. 50	15. 90
兴业银行	6324. 26	30868. 93	488. 10	19. 26
平安银行	3605. 14	20004. 20	554. 88	20. 97

虽然股份行的存款增速远高于四大行，表面上看股份行吸收存款的能力更强，但是，如果考察存款成本，就会得出完全不同的结论。从表 1. 3 中不难看出，谁的活期占比高，就意味着谁的存款成本低。很显然，工行、农行、建行和招行吸收存款的能力远强于其他几家。不要小看几十个基点的成本差距，以兴业银行为例，2017 年年报存款总额约 3 万亿元，成本比招行高 62 个基点，相当于仅存款利息就要多付出 30000 ×0. 0062 =186（亿元）。

表 1. 3　主要银行的存款成本（%）

银行	2017 年存款成本	总存款活期占比	对公存款活期占比	零售存款活期占比
工商银行	1. 42	51. 44	57. 49	45. 59
农业银行	1. 34	58. 56	71. 21	52. 94
中国银行	1. 76	49. 40	58. 79	42. 33
建设银行	1. 33	54. 35	65. 79	44. 60
招商银行	1. 27	62. 84	58. 03	72. 64
浦发银行	1. 59	48. 41	55. 85	37. 71
民生银行	1. 76	46. 19	48. 36	37. 12
兴业银行	1. 89	42. 46	44. 10	53. 91
平安银行	1. 98	37. 87	42. 18	55. 56

那么问题就来了，这些客户为什么要存活期呢？很简单，主要是为了获得流动性。一家正常经营的公司，平时存在大量的资金进出，主要包括采购原料，给员工发工资、奖金，报销员工的销售开支，支付租金等，所以通常公司账上会趴着大量的活期资金，以确保有足够的流动性应付经营。因此，可以看到绝大多数的银行对公存款活期占比都要高于零售存款活期占比。少数的例外中，因为平安银行和兴业银行的零售存款数量远低于各自对公存款数量，所以也不具备代表性，剩下唯一的一个特例是招商银行。

独树一帜的招商银行

招商银行是上述主要的大中型银行里面最特别的，它本身的网点密度跟四大行比相差甚远。但是，仅仅依靠大行1/10的网点，就做到了1/6的零售存款，而且零售存款的活期占比远超其他银行。如表1.3所示，招行是唯一的零售存款活期占比超过60%的银行，高达72.64%。

一直以来，招行超高的活期存款占比使银行股投资者百思不得其解。按照某些投资者的话说，现在傻瓜才存活期，难道招行的客户都是傻子吗？他们不知道可以存余额宝？其实，只要深入分析招行的客户资产分布，就可以找到线索。根据2017年年报，招商银行的零售客户资产管理规模（AUM）高达60000亿元，是零售存款的4.61倍。其中，不到2%的高净值客户（金葵花以上）占有82%的AUM。

知识链接：AUM导向的零售管理体系

AUM是Asset Under Management的缩写，即资产管理规模，这里的资产包括存款、理财、基金、债券等。AUM导向，就是放弃过去对银行员工的存款考核指标，转而用AUM指标。招行是国内银行中首个放弃以存款作为主要考核指标的银行。讲到这里，肯定有投资者不理解，为什么放弃追逐存款反而成就了招行超高的活期存款占比？其实很简单，银行揽储的时候，通常是要给客户更高的利息，越是考核存款金额，存款中定期的占比就越高。而反观招行的活期存款，主要来源于两大类：

第一，主动性活期存款。主要来源于高净值客户。高净值客户日常对资金有较强的流动性需求，而目前多数T+0基金和理财产品都设定了每日金额限制，一般常见的是1万元。少数几个T+0产品的流动性释放能力有限，所以高净值客户宁可在活期账户放一些存款，也要保证流动性的充裕。

第二，被动性活期存款。主要来源于高收益理财产品的集合期和间歇期。招行会设计一些高收益的短期理财产品，而每期产品之间会有一定的空档期，同时这些短期理财产品本身有几天的募集期。由于这些高收益的短期产品总量不足，所以想买到的客户必须在开放的第一天足额购买，那么在集合期就只能按照活期处理了。

虽然通过一系列巧妙的设计，可以提升活期存款的占比，但是总量问题仍未解决。因为更多的客户资产被配置到了理财和基金上，存款总量就会出现问题。但这也恰恰是AUM导向的高明之处。由于招行不再强迫客户配置低收益的存款，而是鼓励客户配置收益相对更高的理财产品和基金，无形之中提升了客户的体验，会吸引客户将更多的资产转移到招行来。2018年招行的AUM高达6.8万亿元，是零售存款的4倍。所以，正是放弃追逐存款的AUM导向考核体系，反而推动招行在零售存款上取得了显著的优势。而且，其他银行如果想要复制AUM考核体系，短期势必造成零售存款增长乏力，甚至倒退，这是多数银行无法忍受的。所以，短期AUM导向的考核体系，可以作为招行的一条“护城河”，保护招行的存款成本优势，进而维持较高的净息差。

对于高净值客户来说，对流动性管理的需求远高于普通用户，这就意味着这些高净值客户需要留更多可以随时提现的资产。他们的流动性管理需求远远超过了T+0基金能够支持的额度。他们也不愿意花更多的精力在多个T+0基金之间调拨资产。所以，活期存款是满足他们流动性管理的最佳途径。除此以外，高净值客户更多地倾向将自己的资产配置到银行提供的高收益理财产品。而这种理财产品通常会有一定的募集期和两期产品之间的间隔期。那么，在募集期和间隔期，客户的资产就会以活期的形式体现。

正是由于招行放弃了拉存款，将考核转换为更贴近客户需求的 AUM 指标，并为各层次客户提供丰富的财富保值增值工具，增加了客户的黏性，才最终在报表上体现卓越的吸储能力。正如笔者曾经说的：“招行的目标从来只有一个：追赶客户的脚步，打造最佳客户体验银行，而活期存款不过是在这个过程中客户对招行的馈赠。”

1.2.3 和存款相关的指标

既然谈到了存款，就不得不介绍几个和存款相关的术语和指标，了解这些术语和指标有利于理解银行的经营特点。这些术语包含：M0/M1/M2，存款准备金，存贷比等。

衡量货币流动性的指标

首先来看 M0/M1/M2 这一组，这一组指标其实是用来衡量货币流动性的。其实除了这三者以外本来还有一个 M3，但是由于平时我们很少提起 M3，所以也就渐渐被大家遗忘了。这些指标的具体定义如下：

M0 = 流通中现金，指银行体系以外各个单位和居民持有的现金之和。

M1 = M0 + 企业在银行的活期存款 + 机关团体的存款 + 农村存款。

M2 = M1 + 企业的定期存款 + 个人的储蓄存款 + 证券客户的保证金。

这些指标各有不同的含义，从侧面反映经济的态势。M0 反映的是流通中的现金量，是最狭义上的货币供应量，也是央行直接发行的钞票扣除银行留存的现金后剩余的部分。M1 又称为狭义货币供应量，它反映了社会的直接购买力。M1 和社会商品供应量之间需要保持相对稳定，如果 M1 增幅大幅超越商品供应量的增幅，就会带来经济过热，反之就会带来萧条。M2 又叫作广义货币供应量，它反映了经济中的现实和潜在购买力。如果 M1 增速大幅高过 M2，则表明需求强劲，投资不足，存在通货膨胀的风险；反过来，如果 M2 增速过高、M1 增速过低，表明投资过热，需求不旺，可能有资产泡沫。

在这组指标中，M2 和银行的关系最大。这是因为在整个货币体系中，

M0 的量是非常小的，以 2018 年 8 月央行披露的数据为例：M0 共计 7.06 万亿元，M1 有 53.83 万亿元，M2 则有 178.87 万亿元。M2 基本上约等于银行体系内存款的数量，也就约等于银行的资产负债表规模。所以，M2 的增速也就可以近似看成银行的存款增速和资产规模的增速。

银行的资产规模增长因子和息差因子共同决定了占银行收入大头的净利息收入的增速，而最近两年一直在谈的金融降杠杆，说的就是要降低 M2 的增速。也就是说，在“降杠杆”的经济环境，银行规模增长的因子下降是无法避免的。

存款准备金：控制货币供给的“蓄水池”

存款准备金是指金融机构为保证客户提取存款和资金清算需要而准备的资金，是缴存在中央银行的存款，中央银行要求的存款准备金占其存款总额的比例就是存款准备金率。前面在讲到派生存款的时候提到过，银行发放给企业的贷款通常会重新存放在银行形成派生存款。在极端情况下，一笔存款可以派生无限量的贷款和存款，这样会造成 M2 激增，这肯定是央行无法容忍的。所以，央行说：“不行，你们每吸收 100 份存款，就要缴存若干份到央行作为准备金。”那么在极限状态，一笔存款可以派生的总存款为（存款准备金率设为 12%）：

$$1+0.88+0.88^2+\cdots=(1-0.88^n)/(1-0.88)\approx1/0.12\approx8.33\text{（倍）}$$

所以，可以看到存款准备金相当于一个控制广义货币的蓄水池。当市场流动性泛滥时，央行通过提升存款准备金率来收紧流动性；而当流动性紧张的时候，央行通过降低存款准备金率来释放流动性。在我国的外汇政策下，这个蓄水池的作用更明显。我国实行的是强制结汇制度，每一笔外汇从境外进入境内，不论是外贸赚取的还是国外机构汇入的，都需要按照汇率转化成人民币。所以，在外资热钱进入中国的时候，为了防止热钱兑换的人民币增大流动性，吹大资产泡沫，央行就通过存款准备金这个大蓄水池来调节市场的流动性。

存贷比：审视银行盈利水平的指标

“存贷比”其实应该被称为“贷存比”，是银行贷款总额与存款总额的比率。从银行盈利的角度考虑，存贷比越高越好，因为存款付息是刚性的，即所谓的资金成本。如果一家银行的存款很多、贷款很少，就意味着它成本高、收入少，银行的盈利能力就较差。存贷比这个指标实际上已经不是强制性指标了，但是如果存贷比很高，实际上也反映了银行的存款增长乏力，无法支持银行资产负债表的扩张。这是因为存款不够的时候只能通过同业拆借和向央行拆借来满足负债需求，而同业拆借的成本和央行借款的成本远高于存款的成本，过多使用拆借负债会显著压低银行的净息差。

1.3 同业负债

同业负债是负债里面最难理解的部分，主要原因是作为银行客户的我们，平时很少接触这一部分。多数投资者并未在银行间交易市场工作过，所以很难对同业负债和同业资产形成直观的认识。从本质上说，同业负债就是金融同业机构间的负债关系，传统的资金端通常以回购、拆借、同业存款的形式建立同业债权。近年来还发展出来同业存单，1.4 小节将单独阐述同业存单。

不同的银行对同业负债有不同的态度

对于不同的银行来说，同业负债的作用完全不同。有的银行是把同业负债作为一种短期资金调配方式或者被动负债，而有的银行则是把同业负债作为扩张资产负债表的武器。银行的态度不同，其同业负债的占比和成本等都会有极大的差别。我们挑选 3 家银行作为代表，看一下不同银行同业负债的特点。

表 1.4　不同银行的同业负债特点

银行	同业负债金额（亿元）	同业负债占比（%）	同业负债的成本（%）
建设银行	17949.13	8.83	2.53
招商银行	8374.72	14.40	2.74
兴业银行	18637.82	31.09	3.71

资料来源：各银行 2017 年年报。

在表 1.4 中，我们选择了建设银行、招商银行和兴业银行作为典型的代表。不难发现建设银行作为四大行之一，对于同业负债的态度主要是用于短期负债头寸调剂，在负债表中占比只有 8.83%，成本也只有 2.53%。而反观兴业银行则显然是把同业负债作为负债表的重要组成部分，同业负债（不含同业存单）占整个负债表的 31.09%。而且，兴业银行的负债成本远高于另外两家，这说明兴业银行的同业负债中有很多主动性同业负债。招商银行的同业负债介于二者之间，和建设银行的特点更相似。

同业负债的构成

同业负债主要包括同业和其他金融机构存放、同业拆入和卖出回购。其中，同业和其他金融机构存放的占比是最大的；而卖出回购是最神秘的，相对也是占比最少的。同业和其他金融机构存放当中，同业存放相对来说是比较少的，是指各银行为了方便结算，在各自有关的结算单位开立存款账户，这部分资金和资产表中的存放同业正好是相反的资金流向。由于这部分资金要求的流动性很高，所以无论是同业存放还是存放同业的利率都是很低的，一般按照上海银行间同业拆放利率（Shanghai Interbank Offered Rate，简称 Shibor）的隔夜拆借利率计算。由于利息低，一般各家银行在同业存放和存放同业上的资金量都不大，主要是为了应付结算。当然也不排除个别银行为了主动获取同业负债向其他银行提供高息的协议存款。

其他金融机构存放的这部分就有很大差别了。其他金融机构存放之中，有的是其他金融机构在这家银行存放的结算资金，比如：基金公司在托管银行存放的赎回备兑金等；有的则是其他金融机构冲着高利率放过来的协议存款，比如：银行高息吃入余额宝的协议存款。因此，不同银行在同业负债上的差异主要体现在其他金融机构存放上。以招行为例，2017 年年报公司口径同业及其他金融机构存放余额 4212.51 亿元，其中基于资金清算、结算或存管服务的同业活期存款余额 2886.35 亿元，占比 68.52%。招行的其他金融机构存放余额为 3596.09 亿元。而反观兴业银行，同业及其他金融机构存放余额 14460.59 亿元，其中其他金融机构存放余额 10494.13 亿元，无论是同业存放还是其他金融机构存放都远远高于招行。

所以，很显然，兴业银行在这个科目上有很多主动性同业负债。

除去同业存放以外，第二大块同业负债就是同业拆入资金。同业拆借，又称同业拆放市场，是金融机构之间进行短期、临时性头寸调剂的市场。这个市场产生的最主要原因是我国实行的存款准备金制度。每天银行间市场收市的时候，央行会冻结这部分存款准备金。央行存款准备金的收益率远低于其他资产的收益率，所以，没有银行愿意在央行放太多的钱。但是，由于银行每日的存款余额和汇兑情况都在发生变化，这就造成了有的银行手头资金富余，有的不足以交够存款准备金。那么，资金富余的银行就可以将手头的闲置资金拆借给缺乏资金的银行。但需要注意的是，这种拆借资金的权属并没有发生改变，也就是说在约定期限到期后，这些拆借资金必须还给拆出方。这个和下面要介绍的卖出回购金融资产最大的不同就是拆借没有资产抵押，完全是建立在信用的基础上。

卖出回购资产回款，是同业负债中占比最小的，也是普通投资者接触最少的。它是指银行将一些债券、股票等资产卖给其他银行，并约定好在什么时间以什么价格回购这些资产。通常来讲，回购的总金额会高于银行卖出资产获得的资金总额，其中的差值就是卖方支付给买方的利息。在这个交易过程中，两家银行更像是一种借贷关系，而被用来交易的资产可以看作一种抵押物。

正确对待、合理引导同业负债

综上所述，我们不难发现整个同业负债相比存款稳定性较差。同业负债有一定流动性风险，因为同业存放和同业拆借都是短期负债。如果一家银行吸纳了过多的短期同业负债，并配置到长期资产项目，那么当央行收缩杠杆的时候，这家银行就会面临窘境。轻则利差倒挂，重则产生流动性覆盖危机，甚至演绎成挤兑、破产。

当然，同业市场本身也有其存在的重要意义。由于我国的经济发展不平衡，所以不同的银行在负债方面面临的问题是完全不同的。比如，很多农村银行，手头吸纳的存款过多，但是又没有优质的资产去配置；而在股份行则正好相反，它们有足够的资金配置机会，但是没有足够的负债规模支持。这两类银行完全可以通过同业业务实现资本合理配置，从而实现“双赢”。所以，对同业业务需要正确地引导，才能使其规范发展。

1.4 同业存单

基本概念

同业存单是存款类金融机构在全国银行间市场上发行的记账式定期存款凭证。这个定义估计普通读者看后是一头雾水。解释一下，同业存单就是一家金融机构向另一家花钱（本金 + 利息）买存款。它并不是一直存在的，其实它是在 2013 年下半年才开始在银行间试行的，是应对利率市场化的一个重要步骤。同业存单的期限不超过 1 年，一般可分为 1 个月、3 个月、6 个月、9 个月和 1 年。由此可见，同业存单和同业拆借最大的区别在于久期和目的。同业拆借的目的是调剂存款准备金的缺口，通常是短期的，参考的是 Shibor 利率。而同业存单的目的是补偿负债的缺口，通常是中长期的，参考国债利率。

同业存单的计息方式有两种：固定利率和浮动利率。一般固定利率是在发行的时候约定一个利率，在兑付的时候按照原先约定的利率进行利息兑付；浮动利率则是按照 Shibor 加点的方式计息。

同业存单，本身在会计科目上一般被计入银行负债表中的“应付债券”。虽然应付债券中也包含其他的负债，但是，同业存单应该是应付债券中的大头。同业存单本身都是零息债券，所谓零息债券又叫作贴息债券。贴息的意思是：买入同业存单的机构付出的金额是票面金额减去到期时的利息，也就是说同业存单在发行的时候，发行银行拿到的现金是少于票面金额的，到期按照票面金额兑付给买入的银行。比如：假设银行 A 发行1年期同业存单100亿元，票面利率4%，某基金公司B买入了这个同业存单，那么B只要付给A约96.15亿元，一年到期后，A用100亿元兑付给B。

对不同的银行作用不同

同业存单对于四大行和股份行的作用完全不同。在市场上，国有四大行通常拥有较好的存款基础，所以愿意作为同业存单的买入行；而股份行多数存款不足，所以经常作为同业存单的发行银行。同业存单的利率实际上形成了银行间中长期资金拆借的利率，能够间接反映银行间的流动性。通常在流动性充裕的时候，同业存单利率走低；在流动性紧张的时候，同业存单利率走高。比如，在2018年的6月和7月，同业存单的利率有一拨非常明显的跳水，如表1.5和1.6所示。造成这一现象的主要原因是央行对于货币政策的定调在6月底有一次180度的大转弯。

表1.5　2018年6月股份银行同业存单发行情况

银行名称	发行数量（单）	发行金额（亿元）	平均利率（%）	平均久期（月）
招商银行	16	540.1	4.44	5.47
浦发银行	36	1855.3	4.50	4.07
民生银行	62	1486.9	4.40	3.44
兴业银行	58	1295.7	4.43	3.66
平安银行	33	613.1	4.39	3.37

表1.6　2018年7月股份银行同业存单发行情况

银行名称	发行数量（单）	发行金额（亿元）	平均利率（%）	平均久期（月）
招商银行	12	111.1	3.71	8.81
浦发银行	23	785.8	3.72	8.91
民生银行	47	411.2	3.46	5.72
兴业银行	42	677.9	3.47	5.52
平安银行	24	345.9	3.64	9.25

令人又爱又恨的角色

同业存单，对于银行来说是令人又爱又恨。同业存单的优势是不需要为其建立相应的网络和基础设施，就可以获取大量的负债，这种优势对于网点较少的股份行非常有诱惑力。通过同业存单拿到负债就意味着不用像吸储那样付出附加成本（网点营运费用、员工工资等），而且负债规模可以快速扩张。但是，同业存单也有其自身的问题。同业存单是所有负债中对流动性最敏感的。存款、同业和其他金融机构存放或多或少包含一部分活期资金沉淀，可以有效地降低负债的成本。唯独同业存单，由于其大额、大批量、久期相对其他负债较长等特点，其负债成本通常是所有负债种类中最高的，同时也是最不稳定的。由于同业存单的久期最长只有 1 年，所以在用同业存单匹配资产的时候很容易出现期限错配的问题。这样当资产还未到期，而同业存单到期续作的时候，如果碰见市场流动性突然紧缩，就很容易出现利差损甚至是拆借不到资金的情况。

但是，同业存单对于银行股的投资者来说具有非凡的意义。因为各家银行发行同业存单的情况是在特定的网站上每天公布的，这样投资者通过查询每天发行的同业存单利率、金额和久期，就可以评估银行间的流动性松紧情况，同时可以根据同业存单的利率水平推测其他同业负债的利率变化趋势。

由于股份行中多数同业负债占比较高，所以通过同业存单的数据，可以对这些股份行的息差进行预测。同业存单是少数可以实时窥测银行负债利率和数量变化趋势的工具，所以，致力于银行基本面研究的读者，绝对不能放过对同业存单这个负债品种的监测。

1.5 央行借款

向央行借款的途径

向央行借款是商业银行近几年变化最大的项目之一。其中一个重要的原因就是中国人民银行最近几年创设了很多流动性调节政策工具，这些工具丰富了向央行借款的类型。因此，在向央行借款的负债科目下，包括三大类：再贷款、再贴现和其他流动性政策工具。在早期一般情况下，商业银行向中央银行的借款只能用于调剂头寸、补充储蓄的不足和资产的应急调整，而不能用于贷款和证券投资。但是，随着这几年各种流动性政策调节工具的丰富，向央行借款也可以投向特定的信贷领域。

再贷款是早期我国商业银行向中央银行借款的主要形式，一方面是早期国内商业票据信用市场尚不完善；另一方面是在商业银行改制前，商业银行对于央行资金的依赖度较高。我国中央银行的再贷款有年度性贷款、季节性贷款和日拆性贷款三种，分别应对商业银行不同周期的头寸调节需求。

再贴现是近些年随着商业票据市场的发展而逐步发展起来的，而且在未来会逐步取代再贷款。所谓再贴现就是商业银行把未到期的已贴现票据作为抵押物向央行进行再贴现，本质上就是商业银行通过票据债权转让，从央行进行再贷款。

结构性货币政策工具

从 2013 年开始，央行开始推出多种结构性货币政策工具，用以调节银行间的流动性。这些工具多数以国债、央行票据等高等级信用票据为质押品，期限从7天到1年不等。这些工具主要包括：SLF、MLF、TMLF、SLO、PSL、TLF等。央行利用这些工具在公开市场上拿钱买卖有价证券，来调节货币供应量和利率。下面笔者具体解释一下其中主要的工具。

SLF：Standing Lending Facility，常备借贷便利，俗称“酸辣粉”。当政策性银行或者全国性商业银行流动性不足时，可以向央行一对一地申请抵押贷款，抵押物为高信用评级的债券或者优质资产。除了应对流动性紧张外，SLF还有控制短期利率上限的作用。当短期银行间市场利率发生异常升高时，央行可以指导商业银行减少同业拆借转向央行借款，从而达到控制短期市场利率的目的。这个工具不常用，但是常备着，所以叫“常备”。和SLF类似的还有美联储的贴现窗口（Discount Window），也是一种调节短期利率和流动性的工具。

MLF：Medium-term Lending Facility，中期借贷便利，俗称“麻辣粉”。MLF是央行以有价证券为质押向商业银行提供贷款以提供中期基础货币的工具。MLF的期限从3个月到1年不等，而且到期后符合条件的银行可以选择展期或者续作。SLF和MLF虽然看起来有相似之处，但是在很多方面还是有明显的功能差别。MLF的功能主要是投放中期基础货币，而且通过限定质押品的范围来达到定向投放流动性的目的，最终实现对特定领域的定向“滴灌”，例如对三农、小微等领域的定向投放流动性。MLF无论是从使用的频率还是投放的规模来看，都远高于SLF。

TMLF：Targeted Medium-term Lending Facility，定向中期借贷便利，俗称“特麻辣粉”。TMLF和MLF的主要操作方式类似。主要区别在于TMLF根据金融机构对小微企业、民营企业贷款的增长情况，向其提供长期稳定资金来源。支持实体经济力度大、符合宏观审慎要求的大型商业银行、股份制商业银行和大型城市商业银行，可向中国人民银行提出申请。TMLF资金经过续作可使用3年，操作利率比MLF利率优惠15个基点。

SLO：Short-term Liquidity Operations，短期流动性调节工具。央行主要

用来调节比7天更短时限的货币供应和利率。

PSL：Pledged Supplementary Lending，抵押补充贷款。中国人民银行为了支持政策性银行完成国家重点项目（例如国家开发银行的"棚改"项目），直接提供一部分低成本质押贷款，期限是3~5年。

表1.7 货币政策工具概览

	SLO	SLF	MLF	PSL	TLF
中文名称	短期流动性调节工具	常备借贷便利	中期借贷便利	抵押补充贷款	临时流动性便利
推出时间	2013年初	2013年初	2014年9月	2014年4月	2017年1月
发行对象	公开市场业务一级交易商中符合特定条件的部分金融机构	政策性银行和全国性商业银行	符合宏观审慎管理要求的商业银行、政策性银行	政策性银行	大型商业银行
期限	7天以内	1~3个月	3个月、6个月、1年	3~5年	28天
操作方式	质押	抵押	质押	质押	无须抵押或质押
抵押品	国债、央行票据、政策性金融债、政府支持机构债券、商业银行债券	高信用评级的债券类资产及优质信贷资产	国债，央行票据，政策性金融债，高等级信用债，不低于AA级的小微企业、绿色和"三农"金融债券等	高等级债券资产和优质信贷资产	—
用途限定	—	—	"三农"、小微企业	特定政策或重点项目建设	—

资料来源：中国人民银行网站。

关于各项货币政策工具的比较可以参考表1.7，从表中可以看出央行最近几年在不断完善调控银行间市场流动性和利率的机制。向央行借款从商业银行的角度来看是一种负债，商业银行关注的只是负债的利率水平，获取难度和流动性覆盖率、匹配率的计算权重等。

但是从央行的全局角度看，央行借款是央行调控银行间流动性和利率的重要工具。实际上，央行近年来已经通过这些工具开始形成我国的利率走廊。这一利率走廊以超额存款准备金利率为下轨，以 SLF 为上轨，以银行间 7 日拆借利率 DR007 为中值，在利率市场化的大背景下，其未来是中国银行业利率由双轨制走向单轨制的重要参考依据。

第2章

银行的资产业务

2.1 资产业务概述

资产业务是真正帮助银行赚钱的业务条线。银行通过网点服务客户获得的各种负债，最终必须通过配置到不同类别的资产中，进而获得利息收入。

收益与风险的平衡

从最朴素的想法来讲，人们肯定会认为配置的资产收益率越高越好。因为资产的收益率越高，意味着息差越大，息差越大，也就意味着用同样的钱赚的利息越多。但是，实际情况并不是这样。银行通常不会碰那些收益率很高的资产，比如个人高利贷、企业高利率拆借等，里面的原因有很多，其中最重要的一点就是，这些收益率很高的资产往往风险也很大。在经济领域，人们经常说起的一个常识就是“高收益意味着高风险”，收益率越高的资产往往最终违约的风险也越大。一旦违约，银行不仅拿不到利息，还可能亏损本金。

由于银行本身是高杠杆经营的企业，银行配置在资产上的资金绝大部分不是银行自有的，而是银行从社会上吸取的。一旦资产违约，损失本金，只要不破产，银行就只能自己吸收这部分损失。所以，通常银行的资产收益率并不是越高越好，而是要在风险和收益之间寻找利益最大化的平衡点。

久期与期限错配

除了收益率以外，银行还需要考虑的是资产的久期问题。通常来讲，久期越长的资产收益率越高。但是，如果银行把资产全部配置了长久期资产，那么就要面临两种风险：第一，流动性风险。由于银行配置的资产通常是无法提前赎回的，而银行的负债，特别是存款之类的负债，储户是可以提前赎回的，如果资产端久期过长，那么负债流出产生的资金缺口就有可能无法弥补。银行最大的风险就是流动性缺口引发的挤兑风险，各国金融史上都有大量因为挤兑而破产的银行。第二，期限错配引发的利率风险。假设银行配置的资产久期过长，如果在资产到期前市场利率出现大幅度飙升，而银行又没有长久期的负债和资产匹配，这时就会形成期限错配。银行不得不在利率极高时借入高息负债去匹配未到期资产，从而使利差大幅收缩。这个问题，在 2017 年的兴业银行身上表现得特别明显。

从金融的角度看，银行本身就是在依靠一定程度的期限错配挣钱。如果每一笔负债和资产的久期都完全对等，那么银行是没有什么息差可赚的。银行之所以能够将息差维持住，一个重要的原因就是存款中有大量的活期和短期存款。银行的财报显示，多数银行的存款中有超过 40% 是活期存款，真正 5 年期以上的存款占比不足 5%。而银行的资产配置中有接近一半是长期资产（超过 5 年），银行就是通过借短配长来产生超额的收益。所以综合来看，银行既要保持一定的期限错配以获得利润，但是又不能把期限错配做得太过分，造成过高风险。

通过前面两段的分析，读者不难发现，银行的经营其实充满了中庸的思想。资产配置要兼顾收益、风险和流动性，优秀的银行总是在多个相互制约的条件之间寻求一种微妙的平衡。

银行的资产配置

按照银行的资产分类，银行资产配置的主要方向包括：贷款、投资、存放央行、存放同业或其他金融机构、拆出资金及买入返售资产、现金、贵金属、商誉、其他资产等。前面的五项产生利息收入，所以被统一划归为生息资产；而后四项本身不产生利息收入，不属于生息资产。

从银行经营的角度看，不生息的资产越少越好。现金、贵金属和其他资产，多数是维持生产必不可少的资产，但是最好是把这些资产维持在较低的比例。商誉的多少取决于银行并购的金额和并购支付的溢价，这一项需要投资者详细分析并购的利弊。这部分内容超出了本书要讨论的范围，就不再细究了。

对于生息资产，存放央行主要是由存款准备金率决定的，属于被动型资产，后面不再讨论。存放同业和拆出等同业资产在第一章“同业负债”中已经讨论过，本章也不再过多涉及。剩下的贷款、投资会作为后面讨论的重点。请注意，本章会把信用卡作为单独的一小节加以讨论，这是因为从银行的业务条线看，信用卡业务往往是相对独立的盈亏核算部门，而且信用卡业务也有很多与贷款不同的特点。

2.2 贷款/垫款业务

业务分类

贷款/垫款业务是银行现行资产业务中占比最高的业务，也是对银行营收贡献最大的一项业务。在以间接融资为主的金融体系下，贷款/垫款业务依然会长期占据银行营收的大头。贷款/垫款业务按照放贷的对象和方式不同，可以分成零售贷款、对公贷款和票据贴现三大类。

零售贷款，就是发放给个人或者个体经营者的贷款，主要包括：房屋按揭、信用卡、消费贷、汽车贷、助学贷等。零售贷款的特点是：单笔金额小，风险相对较低，收益率偏高。

对公贷款，顾名思义就是贷款的发放对象是企事业单位。对公贷款的特点是：单笔金额较大，风险相对较高，收益率和放贷对象的信用等级密切相关。

对公与零售的优劣对比

总体来说，对公贷款的平均不良率要高于零售信用贷款，但是平均收益率反而比零售信用贷款低。如表 2.1 所示，零售信用贷款占比较高的银行，零售贷款的收益率都显著高于对公贷款。但是，对公贷款和零售贷款相比也有其自身的优势。

第一，对公贷款的贷前尽调成本低。银行在放贷之前需要对被放贷的对象进行贷前风险尽职调查，以确定放贷对象的风险级别。这个步骤对于防范不良资产的产生至关重要。对于对公贷款来说，假设一家公司贷款 1

亿元，只需要做一次尽调。如果换成零售贷款，每个对象 50 万元，需要做 200 次尽调。所以，对公贷款的尽调成本远远低于零售贷款。

第二，对公贷款可以派生存款。通常企业申请贷款后并不是马上全部用掉，而是为后期项目准备资金。所以，贷款发放后，会有部分资金变成存款，银行又可以用这些存款去放贷。这变相帮助银行扩张了资产负债规模。而零售贷款发放后多数被直接用掉，所以无法帮助银行派生存款。

表 2.1　主要银行的对公、零售贷款收益率（%）

银行	对公贷款收益率	零售贷款收益率
招商银行	4.21	5.93
浦发银行	4.57	6.45
民生银行	4.89	5.41
兴业银行	4.82	4.43
平安银行	4.75	7.41
工商银行	4.40	4.39
农业银行	4.44	4.41
中国银行	4.44	4.34
建设银行	4.31	4.57

零售贷款的风险相对较低，主要得益于两点。第一，我国社会信用体系的逐渐完善。随着国家信用体系的建立，对于失信人群的限制越来越多，比如：不能开公司，不能申请贷款、信用卡，不能乘坐飞机、高铁等。在社会信用体系的约束下，大家越来越重视自己的征信报告。第二，中国没有个人破产保护制度，意味着银行对于个人债务具有无限追索权。假如你买房断供，银行会没收抵押的房产用于司法拍卖，拍卖所得用于偿还银行本息，不足的部分银行会继续追索。

零售贷款的收益率明显高于对公贷款，除了因为信用卡贷款利率较高外，主要的原因还在于个人在办理贷款的过程中和银行处于不平等的地位。不同于公司对银行有议息的资格，个人通常只能单方面接受银行规定的利率。所以，对于银行来说，零售贷款业务绝对是一块低风险高收益的“肥肉”。但是，多数银行的零售贷款占比远远低于对公贷款，如表 2.2 所示。除了招商银行和平安银行零售贷款高于对公贷款外，其他银行都低于对公贷款。主要的原因是零售贷款需要银行有强大的客户基础，同时零售用户的尽调成本远高于对公。说白了，在多数银行眼里，零售业务就是那种费力不讨好的“脏活”。过去，在对公贷款业务“躺着都可以赚钱”的日子里，除了招商银行，没人愿意花力气去耕耘零售贷款业务。

表 2.2　主要银行的对公、零售贷款占比（%）

银行	对公贷款占比	零售贷款占比
招商银行	45.95	48.24
浦发银行	55.38	40.05
民生银行	58.43	38.38
兴业银行	59.34	38.05
平安银行	44.37	54.03
工商银行	62.55	35.58
农业银行	57.15	37.83
中国银行	63.40	36.48
建设银行	49.38	41.27

在零售贷款中，不同种类的贷款特点也有很大的差异。比如，零售贷款中的房屋按揭贷款，特点就是周期长、风险低、利率低。通常房屋按揭由于有房屋产权做抵押，又有30%左右的首付，所以不良率一直都是银行所有贷款中最低的，一般只有0.3%左右。虽然国内很多购房者都会提前还款，但是基本上也要5～10年才能还清。按揭的利率一般就是基准利率上浮10%～20%，和信用贷款比要低得多。

除了房屋按揭外，其他零售贷款多数是信用贷款，包括信用卡、汽车贷款、助学贷款等。这些贷款的特点是周期短（多数用于临时周转）、风险高（不良率高于1%）、利率高（纯信用贷款利率高达10%以上）。

票据贴现

票据贴现是指资金借贷者以手中未到期的商业票据、银行承兑汇票等向银行要求变成现款。银行收取这些未到期的票据，然后按照票面金额扣除贴现利息后付给企业现款。这样当票据要到期时，企业通过偿还票面金额收回票据。假设某家企业A持有一张半年后到期的面值1000万元的银行承兑汇票，但是A现在资金紧张，需要现金周转。于是，它向银行B提出票据贴现，B按照6.186%的贴现利率计算出贴现利息半年30万元，于是B收下这张1000万元的承兑汇票，付给A企业970万元现金。半年后，银行B直接找开票行承兑1000万元现金。票据贴现中最常见的票据是银行承兑汇票和商业承兑汇票。其中，银行承兑汇票贴现是以票据承兑银行的信用为基础进行的融资行为；而商业承兑汇票贴现是以票据承兑企业的商业信用为基础进行的融资行为。一般来说，承兑的银行或企业信用级别越高，票据贴现融资就越容易成功。

2.3 投资业务

中庸的投资策略

投资业务基本上涵盖了银行除贷款/垫款和票据贴现外全部的资产配置业务。对于银行来讲，主要的投资方向包括：债券、非标资产、投资基金、贵金属、股权投资等。其中，多数银行占比较多的是债券和非标资产，但是也有少数银行对投资基金配置量较大。

债券对于绝大多数银行来讲，占投资证券和其他金融资产的大头，其中包括政府债券（国债、地方债）、政策性银行债券、商业银行和其他金融机构债券、其他债券（主要是企业债）。其中，一般国债、地方债的收益率是最低的，企业债的收益率是最高的。但是，在银行的资产负债表中，政府债券的配置比例是最高的，政策性银行债券次之，企业债占比最少。

银行之所以这么配置，和我们之前提到的中庸资产配置策略有关。银行在进行资产配置的时候，要兼顾收益率、流动性风险和资本金消耗。以国债为例，虽然国债的收益率最低，但是配置国债有很多好处，包括：(1) 国债的风险加权资产因子为零，也就是说配置国债是完全不消耗银行资本金的；(2) 国债的利息收入免征所得税，按照现行的监管规则，国债和货币基金的利息收入可以免征；(3) 国债作为最优秀的抵押品，在流动性紧张的时候随时可以作为担保品抵押给同业或者央行进行头寸拆借。

金融创新的产物：非标资产

非标准化债权资产，简称非标资产，指的是未在银行间市场及证券交易所上市交易的债权性资产，包括但不限于信贷资产、信托贷款、委托债权、承兑汇票、信用证、应收账款、各类受（收）益权、带回购条款的股权性融资等。

非标资产在 2010 年之后发展迅猛。说到底，非标资产是金融创新的产物，在满足企业融资和银行投资需求方面有一定正面意义。对于银行来说，做非标业务主要有以下的动力：

首先，规避贷款监管指标限制。银保监会对贷款监管有诸多指标，从最初的存贷比到现在的拨贷比、限制性领域投放禁令等。但是，在很多行业，企业对信贷的需求是非常旺盛的，例如房地产行业。所以，有些银行就通过拉第三方信托公司或者证券公司入局，让第三方公司发放贷款给资金需求方，然后第三方公司再将贷款和部分自有风险金打包成应收权益的非标资产包或理财产品，定向发放给银行。在这个游戏中，资金需求方拿到了贷款，第三方信托公司拿到 1% 的通道费或中介费，银行拉了第三方做增信，不走贷款通道，可以绕开监管的限制。

其次，可以减少资本金消耗和资产减值损失计提。银行投资的是同业理财或收益权非标资产包，由于有第三方公司增信，作为同业资产风险权重只有 25%（贷款是 100%），这样可以减少资本金消耗。而同业投资虽然也有风险分类，但是由于不需要对外公布，而且没有像贷款一样要求拨贷比，所以这部分资产的减值计提可以少提很多。当然，类似的游戏还有更高级的玩法，即非标资产包不对接银行负债，而是直接包装成银行销售的理财产品卖给储户。这样，这部分资产根本不在银行的资产负债表中显现，完全不消耗资本金，银行挣个理财手续费，风险完全转嫁给最终客户。

当然，目前非标资产受到的监管越来越严格，要求银行对非标资产进行穿透管理，足额计提资本金和风险减值，在严监管下银行做非标的好处会减少，所以未来这部分资产会显著收缩。

投资资产的划分

在投资资产中，按照不同的性质可以分为几大类，而分类的方法又根据是否推行 IFRS9 国际会计准则而有较大的不同。对于未实施 IFRS9 的银行，投资资产里面报表上最大的几类是：可供出售金融资产、持有至到期金融资产、应收款项类投资。可供出售金融资产主要是指银行的交易类资产和其他不打算持有至到期的股票和债券等，这部分资产主要的目的是在交易中获利。持有至到期金融资产是指企业打算并且能够持有至到期的债券等。应收款项类投资，主要是指银行用资金承接第三方的非标资产包，其中以非标票据资产和非标贷款资产为主。

2018 年，部分 A + H 两地上市的银行开始实施 IFRS9 国际新会计准则。2019 年所有上市银行实施新会计准则，实施后，投资资产这一部分的分类有了很大的变化。按照新准则规定，投资资产主要包括如下几项：以公允价值计量且其变动计入当期损益的投资，以公允价值计量且其变动计入其他综合收益的债务工具投资，以摊余成本计量的债务工具投资。新的分类将取代原有的可供出售金融资产、持有至到期金融资产和应收款项类投资。关于 IFRS9 新会计准则分类的内容已经超过了投资者需要讨论的范畴，这里就不再展开了。

投资类资产是银行资产表中相对最复杂的，变化最多的，也是最容易隐藏风险的地方。由于银行的报表中不需要强制披露和投资资产相关的风险和资产细节，这对于投资者准确评估银行的风险情况造成了不小的障碍，所以，建议投资者对投资资产占比过高的银行要更加谨慎。

2.4 信用卡业务

信用卡业务，在银行业务中其实是属于个人贷款或者零售贷款的一个分支，归属无抵押信用贷款。之所以把它从银行贷款中分割出来单独讲，主要是因为：（1）信用卡部门通常在银行内是一个独立的部门，进行单独核算。（2）信用卡业务与普通的零售贷款有诸多的差异。（3）信用卡业务除了银行和消费者以外，还有第三方的信用卡组织参与。所以，在本节中，我们单独讨论一下银行的信用卡业务。

信用卡业务简要介绍

信用卡又叫作贷记卡，是由商业银行或信用卡公司对信用合格的消费者发行的信用证明。持有信用卡的消费者可以到特约商业服务部门购物或消费，再由银行同商户和持卡人进行结算，持卡人可以在规定额度内透支。一般信用卡的持有人享有一定的免息期，在免息期内偿还欠款，银行不会向消费者收取利息。

在信用卡使用的场景中，一个最普通的刷卡消费场景就涉及了五方，分别是发卡行、收单行、商家、消费者、信用卡组织。所谓发卡行，就是信用卡的发行银行，也是最终提供垫付资金的银行。收单行是刷卡机（POS 机）的提供银行，它负责接受发卡行通过信用卡组织转过来的消费款并计入商家在自家银行的对公账户中。信用卡组织负责在发卡行和收单行之间进行交易清算和手续费分配。

在整个刷卡消费的过程中，手续费由商家负责支付，手续费的比例在国内一般按照刷卡金额的0.6%收取，但是在国外刷卡，手续费的回佣却要高得多，部分高级酒店和高档消费场所信用卡刷卡回佣高达2%~3%。在我国，信用卡组织主要就是银联，信用卡刷卡手续费在国内按照7:2:1的比例在发卡行、收单行和银联之间分配。

信用卡的免息期通常是指在消费者刷卡后，到最后还款期限之前的这一段时间。发卡行每月会在固定日期通过电子邮件或者纸质账单的形式给客户寄送信用卡账单。账单日后15~20个日历日就是最后还款日，客户在最后还款日之前偿还账单上的全部欠款则不需要支付任何利息。所以，理论上来说，信用卡的最长免息期可达到45~50个自然日。如果在最后还款日之前无法全额还款，那么发卡行将对消费者收取罚息，实际上就是贷款利息。

但是，这种贷款利息和普通的贷款利息有很大不同，主要表现在：（1）利率高。默认的信用卡罚息是日利率0.05%，年化利率18%。（2）利滚利计息。如果在逾期后的第二个月，消费者依然没有全额还款，那么第一个月产生的逾期罚息将会在第二个月滚存入本金产生逾期利息，也就是我们通常所说的利滚利。（3）全额罚息。所谓全额罚息是指在规定的最后还款期限内，如果消费者没有全额还款，那么第二个月的利息计算是以全部消费额计算，而不是以未偿还消费额计算。例如：消费者A，消费10000元，账单日还款9000元，这样在下一个月，产生的利息是1.5%×10000=150元，而不是1.5%×1000=15元。虽然在2018年6月7日曾经有传言说最高法院准备更改对全额罚息的支持，但是最终实际落地的方案还没有出现。所以，消费者最好在办理信用卡的时候问清楚发卡行是否执行全额罚息。

在消费者产生逾期后，实际上可以有三种不同的处理方式：（1）不做任何处理，放任银行按照逾期进行处理。（2）申请最低还款额，并偿还超过最低还款额的部分。（3）申请分期支付。这三种处理方式对于消费者的区别是：第一种会产生不良征信记录，影响未来的贷款、买房等。第二种虽然不会产生不良征信记录，但是会利滚利，甚至全额罚息。第三种，分期偿还既不会产生不良征信记录，也不会出现利滚利和罚息问题。

信用卡分期费率探讨

信用卡分期是所有个人消费信贷中最具迷惑性的。在没经过行业培训的情况下，80% 以上的人根本无法正确算出信用卡分期的利率，而且这跟智商无关。举个例子：信用卡贷款 12000 元，分期 12 个月，每期偿还 1000 元本金和 79.2 元手续费，请问这笔分期的贷款利率是多少？多数人给我的答案都是 7.92%。他们的算法都是 $79.2 \times 12 \div 12000 \times 100\% = 7.92\%$。表面上看，这个问题很简单，但是，正确的结果是 14.62%。其实，信用卡分期或者其他各种分期，充分利用了一个平常人思维上的漏洞——缺乏资金时间成本的观念。

说得简单点，就是多数人错误地计算了我们占用银行资金的实际占用量。比如上面的案例，表面上银行借给我们 12000 元，但是实际上借用人从第一期末开始就在不停地还本金，所以实际平均占用银行的本金只有贷款的一半多。上面的案例，参考表 2.3，可以很容易地计算出 12000 元分 12 期实际占用了银行年化 6500 元的平均本金。

表 2.3　信用卡借款年化利率计算

期数	占用本金（元）	手续费（元）	每期还款（元）	年化利率（%）
1	12000	79.2	1079.2	
2	11000	79.2	1079.2	
3	10000	79.2	1079.2	
4	9000	79.2	1079.2	
5	8000	79.2	1079.2	
6	7000	79.2	1079.2	
7	6000	79.2	1079.2	
8	5000	79.2	1079.2	
9	4000	79.2	1079.2	
10	3000	79.2	1079.2	
11	2000	79.2	1079.2	
12	1000	79.2	1079.2	

续表

期数	占用本金（元）	手续费（元）	每期还款（元）	年化利率（%）
累计		950.4	12950.4	7.92
实际	6500			14.62

如果不是分12期，而是3期、6期或18期，又应该怎么计算呢？我们假设一个分期计划，总贷款为 L 元，分 x 期，每期的手续费率是 y。那么实际利率是多少呢？首先我们要换一个思路计算资金占用的时间成本：以每期偿还本金为一份，计算最终资金的时间加权成本。

每期手续费 $=L\times y$

总手续费 $=L\times x\times y$

每期偿还本金 $=L\div x$

那么第一个月的资金时间成本（单位：元×月）$=x\times(L/x)$

第 n 个月的资金时间成本（单位：元×月）$=(x-n+1)\times(L/x)$

总资金时间成本（单位：元×月）$=(1+2+\cdots+x)\times(L/x)=[x\times(x+1)\times(L/x)]/2=[(x+1)\times L]/2$

年化总资金时间成本（单位：元×年）$=[(x+1)\times L]/24$

年化利率 $=(L\times x\times y)/\{[(x+1)\times L]/24\}=(24\times x\times y)/(x+1)$

所以，我们只要知道某家银行的分期手续费表，就可以将年化利率公式带入表格中，对应算出每一个分期计划的实际年化利率。下面就用笔者最熟悉的招商银行的分期费率表计算一下各期的实际年化利率，如表2.4所示。基本可以看出，各种分期计划的平均年化利率在15%～16%，和信用卡的逾期利率日息0.05%（年化18%）比，只是略低一点点。

表2.4 分期费率和年化利率的对应（%）

期数	分期费率	实际利率
2	1	16.00
3	0.90	16.20
6	0.75	15.43
10	0.70	15.27

续表

期数	分期费率	实际利率
12	0. 66	14. 62
18	0. 68	15. 46
24	0. 68	15. 67
36	0. 68	15. 88

从上面的分析可以看出，信用卡分期对于个人客户来说成本是非常高的。年轻人很容易陷入分期的陷阱不能自拔，但是对于银行来说，信用卡分期业务是非常具有吸引力的业务。首先，信用卡分期的贷款利率远高于按揭和普通消费贷款。其次，信用卡分期业务即使分期途中发生客户违约，只要不是第一个月就违约，就可以收回一部分本金，不至于全部损失。最后，在会计处理过程中，很多银行会把分期手续费计入非息收入（截至 2019 年底，只有招商银行和光大银行将分期手续费计入利息收入），这实际上起到了美化银行报表的作用，因为多数投资者默认非息收入占比越高越好。这就是最近几年银行对信用卡分期业务趋之若鹜的原因。

第3章

银行的中间业务

3.1 中间业务概述

什么是中间业务

商业银行的中间业务广义上是指“不构成商业银行表内资产、表内负债，形成银行非利息收入的业务”（《商业银行中间业务暂行规定》）。中间业务可以分成两大类：金融服务业务和表外业务。其中，金融服务业务不形成或有资产、或有负债，而表外业务会形成或有资产、或有负债。所谓或有资产和或有负债，是指因过去的交易或事项，今后可望获得的资产和负债，也就是说或有资产和或有负债的产生具有不确定性。因此，在结果未发生前不能将其计入银行的资产负债表，只能记录在表外。举个例子，比如信用卡的未使用额度就属于或有资产，为其他公司提供的债务担保就属于或有负债。

在金融服务业务中，商业银行是以代理人的身份为客户办理各种业务，并从中收取手续费。由于金融服务业务完全不产生任何资产，所以这一类业务是完全不承担风险的，相应也不会产生任何减值需求。这类业务主要包括：清算结算业务、银行卡业务、代理业务、托管业务、咨询顾问业务等。

在表外业务中，虽然在业务发生时并不直接涉及资产负债表，但是这类业务与银行的资产业务和负债业务关系紧密，而且未来很可能由于某些条件触发转换为资产业务和负债业务。这类业务主要包括：担保业务、承诺业务和金融衍生业务。

中间业务的优势

中间业务对于商业银行来说是非常重要的一项业务，特别是在《巴塞尔协议Ⅲ》（以下简称“巴Ⅲ”）大幅提升了对银行资本金的要求后，中间业务的重要性得到了极大的提升。因为中间业务最大的特征是没有风险资产（金融服务类业务）或者风险资产很少（表外业务的或有资产有一定的折算比例）。所以，虽然中间业务的费率不高（通常是在0.5%～1%），办理时消耗的人力资源也很大，但是由于完全不消耗或者消耗极少的资本金，其依然是商业银行未来发展的重要方向。

除了资本金消耗较低外，发展中间业务的另外一个好处就是可以增加客户的黏性，不论是对公还是零售。客户在某家商业银行做的中间业务越多，那么客户就越可能将自己的资金主账户放在这家银行，而且越不可能更换银行。对于银行来说，开发一个新客户的费用比维护一个同等水平客户的费用高几倍。所以，做好中间业务相当于不断拓宽银行的“护城河”。

中间业务的种类繁多，很多业务对于投资者来说也难以理解，而且各种中间业务对银行的贡献度也完全不同。在中间业务中，贡献最大的是银行卡业务。银行卡手续费已经在前面的信用卡业务中介绍过了，本章不再赘述。本书并不打算对所有中间业务都做介绍，只选择对利润表影响较大的中间业务进行介绍，主要包括资管业务和代理业务。

3.2 资管业务

金融市场发展的产物

资产管理业务（以下简称“资管业务”）是指证券、期货、基金等金融机构作为资产管理人，根据资产管理合同约定的方式、条件、要求及限制，对客户资产进行经营运作，为客户提供证券及其他金融产品的投资管理服务，并从中收取一定的管理费甚至是提成。从这个定义中可以看出，资管业务并不是我国银行业的一个原生业务，上文定义中并未提及银行。在我国股市、债市不完善的年代，银行业务中根本没有资管这个业务类别，那时候人们去银行只能存钱。但是随着经济的发展、个人财富的积累，特别是投资品种的日渐丰富，大众对财产增值的需求越来越强烈，个人资管的需求如雨后春笋般出现。相应的资管业务也从最初的券商代客理财，逐渐扩展到公募基金、银行理财，以至于最后的私募基金。

银行资管业务是“金融脱媒”的必然结果，它的诞生和居民的理财意识觉醒程度正相关。在这个过程中，蚂蚁集团的余额宝可谓是给全民上了一堂生动的理财课。实际上，余额宝的本质是货币基金，这个资管产品早在2004年之前就已经面世了，但是之前在公众中的认知度很低。余额宝所作的贡献就是将过去货币基金的T+1交易进化成了T+0交易，并且让民众知道这个东西可以随用随取，但是利率比活期高得多。从此之后，银行不得不以理财产品来应对各种“宝”对客户资产的“侵蚀”。这样，资管业务才作为一个单独的业务登上银行业的舞台。随后，银行资管业务迅速发展成为我国资管市场最重要的参与者，银行理财占国内资管市场的近 30%。

资管业务的内容

银行的资管业务主要包括通道业务、委托投资业务和理财业务。其中，对于理财业务，每个银行用户都很清楚，它就是我们常说的在银行购买理财产品。银行把募集的资金按照理财契约的规定投向某类资产，包括基金、债券、非标资产等。而在这个过程中，银行要收取一定的管理费。

除了理财业务以外，通道业务和委托投资业务平时大家接触得都不多。所谓通道业务，起源于银行受限制于资本充足率或者监管的行业禁贷令而不得对某些客户提供信贷服务，那么这个时候，银行就会找第三方金融公司，可以是信托也可以是券商，由第三方将贷款放给客户，然后将收益权包装成理财产品卖给最终的个人客户。可以看到，这个操作和投资业务中的应收类投资很相似，唯一的区别是理财通道业务的负债和资产都不进入银行的资产负债表。银行在其中只收取管理费或手续费，风险和收益都是由个人投资者承担。

委托投资业务，通常是委托行以委托理财服务的名义吸收个人客户的资金，然后以同业存款的方式投给受托行，之后再跟受托行签订一个“抽屉协议”，规定了受托行必须将此笔资金投向指定的投资对象。可以看到，通道业务和委托投资业务很多是为了绕开监管，这其中有一定的风险。相对来说，在资管业务中，银行开展更多的还是理财业务。

理财业务现在对于银行已经是一项非常重要的业务。这种重要性主要体现在两个方面：其一，增加客户黏性。随着全民理财意识的觉醒，客户基本不会满足于把资产配置成存款，通常越是高净值的客户，其资产配置的需求就越多样化。只有你满足客户资产增值的需求，客户才能把财产留在你的银行内。其二，提升银行的盈利能力，降低资本消耗。随着巴Ⅲ的推行以及国内系统重要性银行提上议事日程，越来越多的银行开始注重不消耗资本金的理财业务。

对资管新规的解读

说到资管业务，就不得不谈到2018年的银行资管新规。2018年4月，银保监会发布了《关于规范金融机构资产管理业务的指导意见》（简称“资管新规”）。之后，2018年7月20日，央行又出台了《进一步明确规范金融机构资产管理业务指导意见有关事项的通知》（以下简称《通知》）。两份文件相配合，为未来银行合法地介入资管市场和防范相关的风险作出了重大的制度安排。2019年，随着越来越多的银行资管子公司成立，银行的资管业务开始了新的纪元。未来10年，将是中国资管业务发展的黄金10年。银行作为资管业务市场的重要参与者，必将从中获得丰厚的回报。

接下来我们就看一下，到底应该怎么解读这两份文件。

《通知》原文就不展示了，多数条款和之前发布的资管新规相一致，继续强调了“打破刚兑，禁止资金池和期限错配，禁止嵌套，要求穿透管理等”，但是个别条款有明显的放松。下面就具体看一下被放松的几条：

（1）公募理财产品除了配置标准的债券和股票外可以在一些封闭型产品中配置非标产品，但是要求期限不得错配，且资金流向必须是国家支持的重点工程或者小微信贷。

这一条是《通知》中涉及最广的变更条款，几乎所有银行都会受益。原来的资管新规中对于非标资产的“一刀切”政策，很多银行和分析人员对此颇有微词。“非标都不让搞，很多国家重点项目的资金支持会出现缺口！”《通知》显然是听取了银行和政府方面的意见，银行对实体经济的支持功能还是要保留的。但是，《通知》也明确提出，非标的去向必须是国家重点支持的重大工程或小微信贷，严禁资金借道非标流入房地产和地方债务平台。

（2）理财产品必须打破刚兑，坚持净值型为主。但是在过渡期货币类理财产品和6个月以上的定期开放产品可以参考货币基金的估值方法和摊余成本法，未来过渡期结束后对于封闭型理财产品可以继续使用摊余成本法。

过渡期内货币型和封闭6个月以上的定开产品可以延续原来的估值方法，过渡期后封闭型理财产品可以继续使用摊余成本法，其他类型的理财产品尽量使用市场公允价值法进行估值。银行的理财产品有相当一部分的净值型理财是基于摊余成本法的，如果按照原来的资管新规，都采取市场公允价值法估值，那么理财产品的净值可能出现比较大的波动，这不利于投资者的心理稳定。

这里介绍一个常识。可能很多投资人不理解摊余成本法和市场公允价值法的区别，以国债为例，比如银行的理财配置了一款5年期的可交易国债并准备持有至到期，每年拿利息，但是，可交易国债的价格和银行间市场的利率是密切相关的，因此市场公开交易的价格可能波动很大。如果按照摊余成本法，就是把利息收入摊到每一天去，这样估值波动就很小，而且银行不必理会债券价格的波动，只要持有至到期拿利息就不会亏损。

（3）拓宽了公募理财产品投资公募基金的范围。

按照原有的规定，公募理财产品投资公募基金仅限于货币型和债券型，而本次开放到了所有公募证券投资基金。这一新规主要是为银行类的FOF（“基金中的基金”）理财产品扫清障碍，比如招商银行的摩羯智投。

（4）单只公募理财的起售点从5万元降低到1万元。

降低公募理财的起售点有利于公募理财产品和公募基金展开竞争，有利于拓宽银行理财产品的覆盖人群。但是，《通知》同时要求了首次必须进行面签和风险评估，这样就约束了互联网和电子代销的发展空间，对那些缺乏网点的线上营销模式会造成巨大的影响。可见，监管机构在关键问题上还是考虑到互联网理财业务对银行理财业务的冲击，通过一些软约束帮助银行缓解了互联网理财公司的冲击。

（5）对于过渡期结束后非标资产回表给予补充资本工具的支持。

非标资产回表最大的问题是资本金消耗的问题，《通知》给出了相关的指导意见。这对于所有银行都构成利好，特别是对兴业银行。因为非标资产占比最高的就是兴业银行，所以它非标资产回表的资本金和减值计提压力最大。《通知》可以帮助它通过可减记资本债等资本补充工具解决资本金消耗的问题。

总体来看，银保监会和央行的新办法既坚持了原先正确的监管方向（防止期限错配，打破刚兑，穿透管理），又修正了一些对经济发展和银行营运影响较大的条款。虽然新文件对于银行的基本面和盈利能力并不会产生很大的影响，但是里面所体现的对银行监管预期的调整有利于投资者重建对银行股的投资信心。

3.3 代理业务

代理业务是代理人接受客户委托，以被代理人的名义代为办理其指定的经济事务的业务。代理业务和信托业务非常相似，其中最本质的差别是：在信托业务中，委托人需要将信托财产的财产权转移给受托人；而在代理业务中，财产的权属是不发生转移的。这一根本特征决定了在代理业务中，代理机构能够帮助被代理人执行的任务是相对简单的，以被代理人的提前授权为执行任务的基础。但是，正是由于代理业务不涉及财产转移，银行相对来说承担的风险和连带责任就更小，可以说是无风险的业务。

代理业务涉及的业务种类繁多，对银行的影响也不同，最常见的代理业务包括：代收代付业务、代理证券业务、代理保险业务和其他代理业务等。代收代付业务对于银行的作用主要在于增加客户黏性，通过代发工资，代付水电、煤气、电话费，给客户节省时间，让更多的零售客户将主要资金账户留在银行。这一点，笔者用一个亲身经历做个例证：2000 年笔者毕业工作后买了个手机，发现所有的银行中只有招行支持代缴手机话费，就是因为不想跑移动营业厅，所以开通了第一张招商银行卡。然后，笔者就逐渐有了第一张信用卡、第一张金卡、第一张金葵花卡。一路走来，成为招行的客户不知不觉已经有十几年了，而这一切的开始就是代缴手机话费业务。客户黏性对银行的意义在于给银行提供了低成本的负债和产品交叉销售的机会。

代理证券业务包括第三方存管、债券承销、国债的代发代兑、代销基金等。代理证券业务对于银行来说具有两方面的意义：第一，可以给客户提供更加丰富的资产保值增值手段，这也是留住客户的一种策略。毕竟银行的理财产品是以低风险、低收益的固定收益类为主，受限制于银行的监管和人才储备，商业银行暂时不具备提供权益类投资产品的能力。但是对于客户权益类投资的需求，银行又不能置之不理，所以，银行通过代理证券业务和与第三方金融机构合作，满足客户的需求。第二，可以收取丰厚的手续费。以代销基金为例，由于银行掌握了海量的客户资源，特别是其中的高净值客户资源，对于公募基金和私募基金的销售作用巨大。因此，优秀的银行在和基金公司的谈判中占据绝对优势地位，基本上基金的申购费都会被银行收走，甚至部分私募还和银行约定渠道的收益提取分成比例。以招行的数据为例，2014—2018 年基金代销手续费一直是零售手续费的重要组成部分，见表 3. 1。

表 3. 1　2014—2018 年招商银行基金、保险代销金额与手续费

项目	2014 年	2015 年	2016 年	2017 年	2018 年
代销基金金额（亿元）	6859	6057	4952	7055. 1	7678. 58
代销基金手续费（亿元）	28. 42	75. 11	55. 36	50. 44	66. 5
代销保险金额（亿元）	636	1054	1525	850. 71	704. 53
代销保险手续费（亿元）	21. 26	28. 05	51. 04	50. 79	47. 44
总手续费（亿元）	167. 65	258. 6	317. 97	363. 9	427
代销基金手续费占比（%）	16. 95	29. 04	17. 41	13. 86	15. 57
代销保险手续费占比（%）	12. 68	10. 85	16. 05	13. 96	11. 11

最后说说代理保险业务，也就是大家经常说的银保业务。保险公司通过银行的渠道销售保险，并支付给银行一定的回佣作为报酬。从表 3. 1 中可以看到，代销保险的回佣远高于代销基金。代销保险的手续费率在 3% ~6%，而代销基金的手续费率只有 1% 左右，可见两者差别巨大。但是，从 2017 年开始保监会明显加大了对银保渠道的监管力度，特

别是开始强调保险的保障功能[1]。以前在银保渠道畅销的红利险和万能险开始明显收缩，反映在银行的财报上是这部分收入呈逐年萎缩的状态。但是，随着银行系保险公司的崛起，未来银保业务借着保险业快速发展的“东风”，依然会是银行中间业务收入的重要组成部分。

① 2017 年 10 月，保监会《关于规范人身保险公司产品开发设计行为的通知》（简称“134 号文”）正式实施，开始了“保险姓保、回归本源”的方向转型。

第4章

银行的收入

前面三章主要介绍了银行的主营业务，那么这些业务又如何转变为银行的收入呢？在研究银行财报的时候，我们又该注意什么呢？

银行的收入主要分为净利息收入和非利息收入两大部分。其中，净利息收入是银行通过吸收负债并将其配置到相应的资产端而获取的利息差；而非利息收入主要是依托中间业务收取的手续费。

4.1 净利息收入

本质上，净利息收入是银行作为经济活动中的信用中介，承担相应的信用风险产生的利润，是银行的利息收入减去利息支出后的差额。其中，利息支出是银行通过多种渠道吸收负债时支付给储户或者同业的利息，主要对应的是银行的负债业务。银行的负债主要包括存款负债、同业负债（含同业拆借和同业存单）和央行拆借这三部分，所有这些产生利息支出的负债称为计息负债。

利息收入则指银行将资金配置到各种资产后获取的利息，主要对应的是银行的资产业务。产生利息收入的资产主要包括信贷资产、投资资产、同业资产和存放央行款项这四大类。其中前两类是主动配置资产。而同业资产中有主动配置的，比如四大行买入同业存单；但也有被动配置的，比如存放在其他银行应对清算的存放同业款项。最后一类，存放央行款项基本是被动配置资产，主要是央行收取的法定存款准备金和银行存放在央行的超额准备金。其中法定存款准备金的利率为1.62%，超额存款准备金的利率为0.72%。目前，除了倚仗网点优势的国有大行和倚仗科技优势的招行存款平均成本低于存款准备金利率外，其他大部分银行的存款成本都高于1.62%。这样来看，存款准备金资产基本就是个赔钱的买卖。

4.1.1 利息相关的重要概念

概念解析

在投资者研究银行净利息收入的时候，有几个重要的概念需要准确理解其含义，这里将其列出来供参考。

- 生息资产：金融机构以收取利息为条件对外融出或存放资金而形成的资产，在国内银行财报中最常见的包括贷款和垫款、投资资产、同业资产和存放央行。
- 计息负债：指金融机构负债当中需要支付利息的债务，常见的包括客户存款、同业或其他金融机构存拆放、应付债券（主要是同业存单）和向央行借款。
- 平均资产收益率：用利息收入除以生息资产的平均余额，经过年化处理后得到的百分比，主要用以表示资产的平均获利能力。
- 平均负债成本率：用利息支出除以计息负债的平均余额，经过年化处理后得到的百分比，主要用以表示银行获取资金的成本。
- 净利息收入 = 利息收入 - 利息支出
- 净利差 = 平均资产收益率 - 平均负债成本率
- 净息差（净利息收益率） = 净利息收入/总生息资产

其中，净利差和净息差是投资者经常会搞混的两个概念，两者之间的数值通常情况下是净息差略高于净利差。按照上面的公式：

净利差 = 平均资产收益率 - 平均负债成本率 = 利息收入/总生息资产 - 利息支出/总计息负债

净息差 = 净利息收入/总生息资产 = （利息收入 - 利息支出）/总生息资产 = 平均资产收益率 - 利息支出/总生息资产

如上所示，当总计息负债小于总生息资产的时候，净息差就大于净利差，反之同理。而通常来讲，银行的自有权益（非计息）也会用于生息，多数银行的总生息资产约等于计息负债 + 银行净资产。所以，对于多数银行来说，其净息差要高于净利差。

净利息收入增速

目前，在中国银行业的营收中，净利息收入占据绝对主导地位。基本上净利息收入占总营收的比率高达60% ~80%。评估净利息收入的成长性对于评估营收的成长性非常重要。我们不妨看一下净利息收入的增速容易受哪些因素的影响：

净利息收入的增速

=当年的净利息收入/上年的净利息收入 -1

=（当年的生息资产×当年的净息差）/（上年的生息资产×上年的净息差） -1

=（生息资产增速+1）×（净息差增速+1） -1

我们可以看到，净利息收入的增速主要取决于生息资产增速和净息差增速，其中生息资产增速主要依赖于银行的总资产增速（生息资产占比通常是比较稳定的）。那么，剩下需要关注的就是净息差的增速了。可以毫不客气地说，净息差是评估银行优秀与否的重要指标之一。银行股投资者经常说：经济繁荣期看息差，经济衰退期看不良。这里的息差指的就是净息差。

4.1.2　净息差

净息差是评估一家银行的重要指标，初级投资者可以通过银行定期报告中披露的净息差来静态评估哪家银行的盈利能力强。但是，对于高级投资者，仅仅评估净息差是不够的，相同净息差的银行，有的可能是依靠给高风险客户放贷获取高息差，有的可能是依靠获取低成本负债给低风险客户放贷达成的高息差，显然这两种银行获取相同的息差所冒的风险是完全不同的。最后，对于顶级投资者，除了能够分辨净息差的含金量外，还需要对银行净息差的趋势进行预测。

生息资产和计息负债

如果想要正确地认识净息差，首先就要对生息资产和计息负债的组成、占比和利率特点有所了解。先来看看生息资产，生息资产主要包括贷款/垫款、投资、存放央行、拆放同业资产这四大类。通常来讲，银行的生息资产中，贷款/垫款占比较大，对于业务比较保守的银行（如四大行）而言，贷款/垫款占比在70% ~80%；而对于经营比较有特色的银行，可能投资或同业资产占比较高，而贷款占比只有50%左右（如兴业银行）。相较于贷款/垫款，过去投资类资产受到的监管较少，更容易成为银行潜在风险和超额利润的来源。但是，随着监管机构不断加强对银行的监管力度，银行正在重新加大对贷款/垫款的配置力度。在生息资产中，存放央行的规模取决于存款准备金率，而收益率由存款准备金利率决定。所以，存放央行这一类我们基本不用过多关注。

再来看看计息负债，计息负债主要的组成部分是存款、向央行借款、同业负债和应付债券（主要是同业存单）。通常来讲，存款占据了银行负债的主要部分，基本上超过50%，有的大型银行存款比例高达80%以上。向央行借款是近年来发展起来的一种新的负债方式，向央行借款的利率通常遵守央行的拆借利率。同业负债和应付债券中的同业存单都算作同业负债，同业负债的特点是：久期短，成本对于市场流动性非常敏感。通常同业负债和同业存单的久期都在1年以内。银行间市场的利率对于银行间的流动性非常敏感，一旦市场上流动性收紧，银行间市场利率就会大幅飙升。根据监管机构的最新规则，银行的同业负债占比不得超过总负债的1/3。

谁在影响净息差?

下面我们就看一下资产负债对银行净息差的影响。我们选定了两家银行进行对比：招商银行和交通银行，对比二者2017年的年报数据，如表4.1、表4.2所示（均原文引自公司年报，为体现年报原始内容格式，未做任何调整。下同）。

表 4.1　招商银行的净息差

生息资产	2017 年			2016 年		
	平均余额	利息收入	平均收益率%	平均余额	利息收入	平均收益率%
	（人民币百万元，百分比除外）					
贷款和垫款	3,508,470	168,858	4.81	3,075,611	151,236	4.92
投资	1,432,408	52,042	3.63	1,300,604	45,721	3.52
存放中央银行款项	566,594	8,679	1.53	557,347	8,170	1.47
存拆放同业和其他金融机构款项	459,129	12,426	2.71	451,820	10,354	2.29
合计	5,966,601	242,005	4.06	5,385,382	215,481	4.00
计息负债	平均余额	利息支出	平均成本率%	平均余额	利息支出	平均成本率%
	（人民币百万元，百分比除外）					
客户存款	3,965,462	50,329	1.27	3,619,703	46,000	1.27
同业和其他金融机构存拆放款项	880,787	24,138	2.74	873,695	20,168	2.31
应付债券	339,320	13,436	3.96	301,430	9,925	3.29
向中央银行借款	305,886	9,250	3.02	177,449	4,793	2.70
合计	5,491,455	97,153	1.77	4,972,277	80,886	1.63
净利息收入	/	144,852	/	/	134,595	/
净利差	/	/	2.29	/	/	2.37
净利息收益率	/	/	2.43	/	/	2.50

资料来源：招商银行 2017 年年报。

表 4.2　交通银行的净息差

（除另有标明外，人民币百万元）

	2017 年 1 月至 12 月			2016 年 1 月至 12 月		
	平均结余	利息收支⑤	平均收益（成本）率（%）	平均结余	利息收支⑤	平均收益（成本）率（%）
资产						
存放中央银行款项	946,071	13,570	1.43	940,872	13,701	1.46
存放、拆放同业及其他金融机构款项	737,709	20,528	2.78	613,166	15,026	2.45
客户贷款及应收款项	4,361,925	200,207	4.59	4,003,174	189,973	4.75

续表

	2017年1月至12月			2016年1月至12月		
	平均结余	利息收支⑤	平均收益（成本）率（%）	平均结余	利息收支⑤	平均收益（成本）率（%）
其中：公司贷款及应收款项	2,959,565	126,900	4.29	2,786,556	125,458	4.50
个人贷款	1,266,575	67,746	5.35	1,058,139	59,442	5.62
贴现	135,785	5,561	4.10	158,479	5,073	3.20
证券投资	2,312,613	83,213	3.60	1,917,494	71,144	3.71
生息资产	8,081,751③	309,615③	3.83	7,170,237③	281,197③	3.92
非生息资产	448,296			347,839		
资产总额	8,530,047③			7,518,076③		
负债及股东权益						
客户存款	4,799,236	89,337	1.86	4,645,472	86,392	1.86
其中：公司存款	3,257,639	57,537	1.77	3,174,125	56,434	1.78
个人存款	1,541,597	31,800	2.06	1,471,347	29,958	2.04
同业及其他金融机构存放和拆入款项	2,410,448	77,576	3.22	1,989,295	55,720	2.80
应付债券及其他	702,404	23,239	3.31	397,461	12,861	3.24
计息负债	7,635,521③	182,249③	2.39	6,727,759③	146,326③	2.17
股东权益及非计息负债	894,526			790,317		
负债及股东权益合计	8,530,047③			7,518,076③		
利息净收入		127,366			134,871	
净利差①			1.44③			1.75③
净利息收益率②			1.58③			1.88③
净利差①			1.60④			1.89④
净利息收益率②			1.73④			2.02④

资料来源：交通银行2017年年报。

注：①指平均生息资产总额的平均收益率与平均计息负债总额的平均成本率间的差额。

②指利息净收入与平均生息资产总额的比率。

③剔除代理客户理财产品的影响。

④剔除代理客户理财产品的影响，并考虑债券投资利息收入免税因素。

⑤根据《关于全面推开营业税改征增值税试点的通知》（财税〔2016〕36号）要求，本集团本期利息收入扣除了应缴纳的增值税。

通过对比招商银行和交通银行的数据，可以看到在资产端，招行的生息资产平均收益率为 4.06%，而交行则为 3.83%。细分项对比可以发现，两者在存放央行、同业资产和投资资产（证券投资）上的收益率都相差不大。在资产端收益率中，差距最大的就是贷款和垫款，招行贷款和垫款的平均收益率是 4.81%，交行客户贷款及应收款项的平均收益率是 4.59%，而且贷款在资产列表中占比最大，所以招行的生息资产收益率最终力压交行。

我们继续对比两家银行的负债端。招行的负债综合成本是 1.77%，交行则高达 2.39%。如果观察两者的负债成本，可以发现在存款和同业负债这两类负债中，招行的成本都远低于交行。招行的存款成本只有 1.27%，而交行的存款成本却高达 1.86%。类似地，招行的同业负债成本率是 2.74%，比交行的 3.22% 低了 48 个基点。除了单项负债利率低以外，不同负债的占比也是交行负债成本偏高的重要原因。在所有负债中，成本最低的是存款，而同业负债和应付债券（主要是同业存单）的利率就偏高。通过观察可以发现，交行的存款占计息负债的比重只有 62.85%，比招行的 72.21% 低了将近 10 个百分点。这 10 个百分点的存款缺口，交行只好通过成本更高的同业负债和应付债券来填补。

所以，从上面的分析来看，银行的净息差主要的决定因素包括：贷款利率、存款成本、同业负债成本、负债和资产的配置占比。那么，接下来我们就继续分析这些差异究竟是如何产生的。

4.1.3　更高的贷款利率，更低的负债成本

通过前面的小节可以看出，招商银行的净息差之所以能够高出交通银行近 70 个基点，主要依靠的是更高的资产端贷款利率，更低的负债端存款利率和利率低、占比少的同业负债。那么，我们就分别分析一下究竟为什么招行在资产和负债两端都能做到这么好。

资产端

首先看贷款利率，根据 2017 年招商银行披露的年报，其贷款利率如表

4.3所示。和表4.2中交通银行的数据对比，可以看出主要的差异有如下三点。

（1）招商银行的公司贷款收益率明显低于交通银行。招行的贷款利率是3.99%，交行的是4.29%。

（2）招商银行的零售贷款利率显著高于交通银行。招行的零售贷款利率为5.81%，交行的是5.35%。

（3）招商银行的零售贷款占比接近50%，远高于交通银行的30%左右。

表4.3 招商银行的贷款利率

	2017年			2016年		
	平均余额	利息收入	平均收益率%	平均余额	利息收入	平均收益率%
	（人民币百万元，百分比除外）					
公司贷款	1,650,406	65,864	3.99	1,526,315	64,829	4.25
零售贷款	1,694,059	98,386	5.81	1,362,929	82,573	6.06
票据贴现	164,005	4,608	2.81	186,367	3,834	2.06
贷款和垫款	3,508,470	168,858	4.81	3,075,611	151,236	4.92

资料来源：招商银行2017年年报。

那么，招商银行的零售贷款利率究竟为何可以高出交通银行这么多呢？这就需要从这两家银行的零售贷款结构上找差异了。首先，来看看交通银行的零售贷款结构，2017年年报附注8.1，如表4.4所示。

表4.4 交通银行的零售贷款

8.1 贷款和垫款按个人和企业分布情况

本集团（人民币百万元）

	2017年12月31日	2016年12月31日
个人贷款和垫款		
按揭	897,264	770,280
信用卡	399,004	307,857
其他	113,614	108,050
小计	1,409,882	1,186,187

资料来源：交通银行2017年年报。

从表4.4中可以计算出，交通银行按揭贷款占零售贷款的比例高达63.6%。众所周知，按揭贷款由于抵押品充足、不良率低而一直为各家银行所追捧，所以相对贷款利率就比较低。而交行利率较高的信用卡透支贷款的占比不足30%。如果和招行对比，就可以看出明显的差距了。根据招行2017年年报，如表4.5所示，经计算，按揭贷款占零售贷款的比例只有约46.7%，而高收益的信用卡贷款、小微贷和其他贷款占零售银行贷款的比重超过50%。信用卡、小微贷和消费贷等都是招行多年着力布局的零售业务。以信用卡为例，招行在2003年发行国内首张符合国际标准的信用卡，用时四年即实现了盈利，这一奇迹被写入美国哈佛商学院的教材。

表4.5　招行零售贷款分布

3.4.2　按产品类型划分的贷款及不良贷款分布情况

	2017年12月31日			
	贷款金额	占总额百分比%	不良贷款金额	不良贷款率%
	（人民币百万元）			
公司贷款	1,663,861	46.67	41,522	2.50
流动资金贷款	868,844	24.37	27,300	3.14
固定资产贷款	397,807	11.16	5,770	1.45
贸易融资	159,090	4.46	1,516	0.95
其他	238,120	6.68	6,936	2.91
票据贴现	115,888	3.25	—	—
零售贷款	1,785,295	50.08	15,871	0.89
小微贷款	312,716	8.77	5,549	1.77
个人住房贷款	833,410	23.38	2,734	0.33
信用卡贷款	491,383	13.78	5,470	1.11
其他	147,786	4.15	2,118	1.43
客户贷款总额	3,565,044	100.00	57,393	1.61

资料来源：招商银行2017年年报。

负债端

看完了资产端，再来看看负债端，负债端的存款成本是拉开招行和交行负债差距的重点。通过比较两家银行对存款的描述，就可以很容易地发现招行存款成本低的秘密。

交通银行：

从本集团客户结构上看，公司存款占比为67.94%，较年初上升0.13个百分点；个人存款占比为31.99%，较年初下降0.10个百分点。从期限结构上看，活期存款占比为50.67%，较年初下降1.10个百分点；定期存款占比为49.26%，较年初上升1.13个百分点。

招商银行：

截至2017年12月31日，本集团活期存款占客户存款总额的比例为62.84%，较上年末下降0.10个百分点。其中，公司客户活期存款占公司客户存款的比例为58.03%，较上年末上升0.78个百分点；零售客户活期存款占零售客户存款的比例为72.64%，较上年末下降1.44个百分点。

通过以上描述不难看出，更高的活期占比、更高的高收益零售贷款占比帮助招商银行在净息差数据上完胜交通银行。

4.1.4 加息、降息对净息差的影响

加息、降息对于银行来说是非常重要的外界因素变化，会严重影响银行的净利息收入。加息和降息是央行调控经济的重要手段。通常在经济不景气、物价指数下行的时候，央行通过降低存贷款基准利率来降低企业的财务成本，达到刺激经济的目的；而在经济景气、物价指数大幅上行的时候，央行通过提高存贷款基准利率来增加企业的财务成本，给过热的经济“踩刹车”。

目前我国正处在利率市场化的过程中，很多利率政策都还在变化之中。本节先按照传统的利率政策做相关的讲解，后面的章节再来补充利率市场化带来的变化。我国现在的利率还是双轨制，即存在基准利率和市场利率两套利率体系。基准利率是由央行公布的参考利率，主要用于存款和贷款业务，银行可以按照自己的业务需求进行一定比例的上浮和下探。而市场利率是由银行间市场通过交易报价自发产生的，主要用于同业拆放业务。而我们本节讨论的加息和降息的影响主要是针对存贷款业务而言的。

对称加减息

首先，加息也好，降息也罢，通常来讲各个档期的幅度是对应的，比如，一年期贷款涨 0.25 个百分点，一年期存款也涨 0.25 个百分点。但是，不同久期之间的幅度经常是不同的，比如加息，一年期贷款加息 0.25 个百分点，5 年期可能只加息 0.2 个百分点，而活期则经常不加，降息反之。这种对应档期加减息程度相同的称作对称加减息，不同的则称非对称加减息，比如，一年期贷款加息 0.2 个百分点，而一年期存款加息 0.25 个百分点。

很多投资者可能想当然地认为，在对称加减息的情况下，银行的净息差不会受到影响。但是，实际情况完全相反，即使是在对称加减息的情况下，银行的净息差也会受到很大的影响。相对来说，对称加减息的影响更容易衡量，所以，我们不妨先来分析一下对称加息对净息差的影响。假设央行进行了一次对称加息，贷款各档期利率加 0.25 个百分点，存款各档期利率加 0.25 个百分点。假设两家银行只有存款、贷款和自有净资产三类，其资产负债分布如表 4.6 所示。

表 4.6　两家银行的资产负债分布　　（单位：亿元）

	活期	1 年期	3 年期	5 年期及以上
银行 A				
存款	6000	1000	1000	1000
净资产				1000
贷款		3000	2000	5000
银行 B				
存款	4000	2000	2000	1000
净资产				1000
贷款		3000	2000	5000

下面分别计算一下两家银行的净息差变化情况，其中自有净资产不产生利息，所以加息无影响。而活期通常也不会跟随加息降息产生变动，所以也没有变化。通过计算可以得出，银行 A 净利息收入增加 17.5 亿元，净息差扩张 0.175 个百分点。银行 B 净利息收入增加 12.5 亿元，净息差扩

张 0.125 个百分点。所以，可以得出如下结论：

（1）在对称加息的周期中，银行的净息差会扩张；

（2）净息差扩张得益于活期存款通常不会跟随基准利率加息而加息，所以，活期占比越高的银行在加息周期中受益越大。

非对称加减息

上述假设是相对简单的，下面我们考虑一个复杂的案例：1 年期存款加息 25 个基点，3 年期存款加息 20 个基点，5 年期存款加息 20 个基点，活期加息 5 个基点。1 年期贷款加息 20 个基点，3 年期贷款加息 15 个基点，5 年期贷款加息 15 个基点。在这种条件下，我们可以算出银行 A 净利息收入增加 7 亿元，净息差扩张 0.07 个百分点。银行 B 净利息收入增加 3.5 亿元，净息差扩张 0.035 个百分点。由此可见，在非对称加息的情况下，银行的净息差扩张会受到限制，特别是在活期加息的情况下，会严重影响净利息收入增加的力度。如果非对称加息的差距进一步加大，银行的净利息收入甚至可能会减少。

在加息的情况下净息差会扩张，反过来在降息周期，银行的存贷净息差会降低。这也就是为什么在持续加息的周期中，银行的业绩可以持续快速提升。而在持续的降息周期中，银行的收入增速会显著下降甚至负增长。

4.1.5 加息对不同银行的影响

在前面一个小节，我们探讨了在存贷款体系下，加减息对银行的影响。但是，实际上银行的资产负债表中除了存款和贷款外还有同业拆借、同业存放、同业存单、投资资产等。这些资产很多不是跟着存贷款基准利率变动，而是跟着市场利率变动。所以，银行对于加息或降息的反应远比上一小节假设的情况复杂得多，在本节我们不妨来试着探讨一下。

在开始具体讨论前，我们首先有必要对银行的资产负债情况有一个大致的划分，这是因为不同的资产和负债对加降息的反应可能是完全不同的。先看负债端，银行的负债端主要的“大头”包括：存款负债（活期+定期）、同业负债（同业拆借+同业存单）、央行拆借。在资产端则主要包括：贷款（短期贷款+长期贷款）、同业资产（包括同业拆出）、债券、应收投资等。银行最常见的资产匹配方式是：存款配对贷款，同业负债搭配同业资产和应收投资。

其次，我们需要讨论的是加息的模式。最近几年，随着利率市场化的不断推进，加息的路径和十几年前相比丰富了很多，主要包括：加基准利率，加央行拆借利率，通过数量型货币工具提高市场利率（Shibor）。其中，加基准利率分为对称加息和非对称加息。加央行拆借利率就是央行通过“麻辣粉”（MLF）、“酸辣粉”（SLF）等货币工具提高金融机构从央行获取负债的成本，进而这种变化会作用于整个市场的拆借成本，最终影响市场的实际存贷利率。

两种不同的“幸福痛苦曲线”

接下来我们就看看加息对于不同的资产负债匹配有何影响。对于存贷款配对的资产负债来讲，加基准利率、加拆借利率或数量控制对于活期利率基本没有影响，因此，活期负债的成本基本不随加息发生变化。而长期存款只和基准利率的调整有关，要到存期结束才能重新定价。长期贷款多数是发放给了按揭个人、国企和地方政府这些信用良好的主体。目前多数情况下，长期贷款是“盯住”基准利率的，而且重定价周期在半年（部分国企贷款）或者一年（按揭）。所以，长期贷款对基准利率的加息敏感，但是对市场利率的变化不敏感。短期贷款多数是发放给企业的经营贷款，多数是“盯住”市场的短期利率并有所上浮。

对于同业负债和同业资产+应收投资的配对，三种加息方式对资产端和负债端都有类似的影响，但是，对于久期的影响是不同的。总体来说，同业资产和负债都是短期对加息的敏感度更高，而长期对加息是不敏感的。所以，如果完全没有期限错配的情况下，加息本身对于这种组合其实只会产生中性的影响。但是多数做同业的银行是依赖期限错配获利的，那么，在加息周期下，期限错配会造成息差缩小（短期负债加的多，而长期资产加的少）。

综合考虑上面两种不同的组合在不同加息周期下的影响，会出现两种不同的“幸福痛苦曲线”。这两种曲线存在明显的差别，首先同业业务在高息周期整体处于“痛苦区”，而在低息周期整体处于“幸福区”；而存贷业务正好相反。另外一个差别是，同业业务在加息周期中存在一个“非常痛苦区”，这是期限错配造成的，短期负债利率重定价周期明显短于长期资产的重定价，而这一“非常痛苦区”只有在加息速率减慢或者持平后才会结束。现在，很多朋友认为以同业为主的银行资产重定价完成后息差会马上改善，但是不要忘了资产配置是一个连续的过程，只要市场利率上升的趋势没有明确放缓或结束，同业业务的“非常痛苦区”就不会结束。而存贷类业务模型，由于活期利率基本不动，所以不存在明显的“非常痛苦区”。

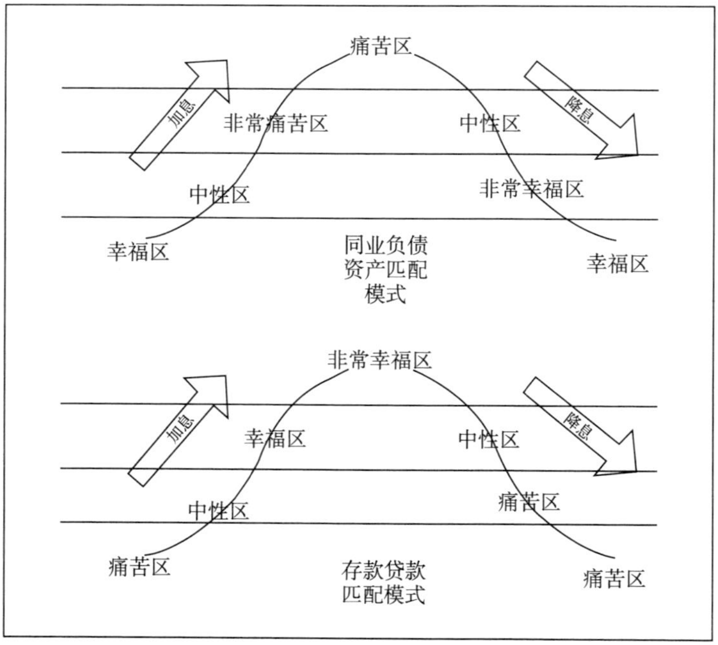

图 4.1　两种不同的幸福痛苦曲线

不同的银行通常两种模式都会有，但是比例会有明显的差别，这也就造成了不同的银行在加息周期会出现明显的差异。

不同加息策略对银行的影响

假设在未来3个月内央行将采取不同的加息策略，有两家银行，A银行以存贷业务为主，活期占比高；B银行以同业业务为主，活期占比低。我们来看看在对称加基准利率、不对称加基准利率和加央行拆借利率三种情况下，两家银行息差的变化。

加基准利率（对称加息）：A银行息差短期会有一定增加（短期贷款重定价），中期会有比较明显的增加（长期贷款重定价）；B银行息差短期基本不变（短期贷款重定价，短期同业负债重定价），中期息差会有一定增加（长期贷款重定价）。

加基准利率（非对称加息）：A银行息差短期基本不变或略微增长（短期贷款重定价），中期会有一定的增加（长期贷款重定价）；B银行息差短期略微下降（短期贷款重定价，短期同业负债重定价），中期息差基本不变或略微下降（长期贷款重定价）。

加央行拆借利率：A银行息差短期基本不变或略微增长（短期贷款重定价，长期贷款和活期不变），中期会基本不变或略微增长（长期贷款和活期不变）；B银行息差短期略微下降（短期贷款重定价，短期同业负债重定价），中期息差会有一定下降（没有明显脱离非常痛苦区）。

所以，无论采用何种加息策略，相对来说A银行的息差表现都会优于B银行。

4.1.6　利率市场化

利率市场化与利率管制

利率市场化是指金融机构在货币市场进行融资的利率水平由市场供求来决定，它包括利率决定、利率传导、利率结构和利率管理的市场化。实际上，它就是将利率的决策权交给金融机构，由金融机构自己根据资金状况和对金融市场动向的判断来自主调节利率水平，最终形成以中央银行基准利率为基础、以货币市场利率为中介、由市场供求决定金融机构存贷款利率的市场利率体系和利率形成机制。

与利率市场化相对应的是利率管制。利率管制即银行发放贷款的时候按照规定的利率放贷，而不允许银行按照不同的客户风险制定不同的贷款利率。实际上利率管制很容易导致金融抑制，降低资金在社会中的配置效率。原理很简单，由于贷款利率相同，银行肯定倾向于放贷给风险最低的大型企业。而社会经济中最活跃的经济成分往往不是大型企业，而是广大中小企业或新兴企业，但是这些企业缺乏抵押品，风险较高。如果允许银行利率浮动，银行可能还会有动力提供资金支持。但是在利率管制的环境，这些中小企业是很难获取资金支持的。因此，利率市场化本身有利于提高资金在经济活动中的配置效率。

中国的利率市场化进程

实际上，利率市场化在中国早已开始推进，一直在循序渐进地向前推进。在实行利率市场化改革前，中国的利率体制是由央行制定各期的存款基准利率和贷款基准利率。而利率市场化在中国的主要任务包括放开存贷款利率浮动限制，最终实现利率并轨、取消存贷款基准利率。对于放开存贷款利率的浮动范围，中国人民银行早就开始逐步推进了。

（1）2004 年 10 月，中国人民银行贷款上浮取消封顶，下浮的限制为 0.9 倍基准贷款利率，允许存款利率下浮放开限制。

（2）2013 年 7 月 20 日，中国人民银行全面取消贷款利率管制，贷款利率实现全面市场化自由定价。

（3）2015 年 10 月 24 日起，商业银行和农村合作金融机构等不再设置存款上浮限制。这表明存贷款利率浮动范围已经完全放开，剩下的任务只有利率并轨、取消存贷款基准利率了。

关于利率并轨，2019 年 8 月 16 日，中国人民银行宣布了全新的“LPR 定价机制”。贷款基础利率（Loan Prime Rate，LPR）是商业银行对其最优质客户执行的贷款利率，其他贷款利率可在此基础上加减点生成。原来的 LPR 是由 9 家代表银行协商确定，实际上锚定贷款基准利率，基本长时间保持不动。银行更多的还是以贷款基准利率浮动加点的方式给各种贷款定价。在全新的定价机制中，最重要的变化就是 LPR 将会以 MLF（中期借贷便利）加点的方式定价。这也就意味着，未来如果 MLF 下调，那么理论上 LPR 应该保持加点数不变，所以最终 LPR 会跟随 MLF 下调。

如果未来所有的贷款利率都以 LPR 加点的方式决定，而 LPR 又由 MLF 加点形成，那么贷款基准利率就名存实亡了。类似地，存款基准利率也可以用 MLF 减点的方式形成。最终，MLF 就可能演变成类似于美联储的联储拆借利率，而存贷款基准利率就会自动向 MLF 并轨。

对利率市场化的误解

很多投资者将利率市场化视为银行业最大的利空，认为利率市场化必然会压低银行业的净息差，并且以日本、中国台湾等实施了利率市场化的国家和地区作为案例，因为它们推行利率市场化以后，银行业的利润都被显著挤压。

这实际上是对利率市场化的显著误读。首先，钱就是银行经营的商品。如果把银行比作一家面包店，拉来的存款就是面粉，放出去的贷款就是面包，利率是对应的价格，而净息差就是面粉和面包之间的差价。我们都知道商品的价格很大程度上取决于供求关系。如果实体经济对资金的需求旺盛，那么贷款的利率自然就会提升，净息差就会扩大。反之，净息差就会缩小。

日本和中国台湾的银行业净息差之所以在利率市场化之后持续走低，一个共同的问题就是二者的经济在完成利率市场化改革后持续低迷。中国台湾在完成利率市场化的初期，银行的净息差曾经跟随经济增长经历过一段时间的提升。后来，中国台湾银行业净息差的崩盘完全是因为经济衰退。观察同样完成利率市场化的美国，可以发现银行的净息差长期保持在一个比较合理的区间振荡，并没有大幅下跌。由此可见，利率市场化并不一定带来银行业的净息差收窄。

4.2 非利息收入

非利息收入主要来源于银行在办理中间业务时收取的手续费或中介费。这一部分收入通常不直接和信贷投放相关联，可以近似被视为无风险收入。

4.2.1 非利息收入的构成

非利息收入通常包含两大部分：手续费和佣金收入，以及其他非利息收入。2018 年以后，中国银行业逐渐实行了新版会计准则，受新旧准则切换影响，2018 年起基金投资和部分票据非标投资的会计分类调整为“以公允价值计量且其变动计入当期损益的投资”，且相应收益列示方式由利息收入改为非利息收入。所以，在对比 2018 年之前和 2018 年以后的非利息收入时，要注意其统计口径发生了较大的变化，特别是对于那些热衷于配置货币基金和非标票据的银行，这种差异更明显。由于新会计准则下产生的非利息收入都计入其他非利息收入项下，所以手续费和佣金部分的收入更能反映银行获取无风险收益的能力。

市场看重的指标：非利息收入占比

在评估银行的指标中，非利息收入占比（或称中收占比）被很多分析员看重，主要原因是非利息收入占比可以反映银行的收入结构是否健康。非利息收入占比越高的银行，其收入中和风险相关的利息收入占比越低。但是，考虑新会计准则对非利息收入的影响，笔者更加倾向用手续费和佣金占比来替代非利息收入占比，公式为：

非利息收入占比 = 非利息收入/总收入

手续费和佣金占比 = 手续费和佣金收入/总收入

表 4.7 显示了主要的几家股份行 2016—2018 年 3 年的手续费和佣金占比。表面上看，这 5 家股份行的手续费和佣金占比相差都不大，基本在 25% ~30%。但是，实际上各家银行的手续费和佣金里面还是有不少水分，所以不能一概而论。关于手续费中间的猫腻，我们会在下一个小节里详细阐述。但是，对于手续费和佣金收入，也不能光看占比，还要结合绝对金额和其中的细项分布统一来看。比如表 4.7 中，浦发、兴业、平安银行的手续费和佣金占比从 2016 年到 2017 年都有一个较为显著的提升。但是，这个提升并非来自手续费和佣金收入的增长，而是由净利息收入的下降造成。浦发、兴业、平安这 3 家银行在 2017 年都经历了净息差的显著收缩，所以手续费和佣金占比才会被动提高。而招行由于净息差在 2017 年没有受影响，所以变化不大。

表 4.7　2016—2018 年 5 家股份行手续费和佣金占比（%）

银行	2016 年	2017 年	2018 年
招商银行	29.02	28.98	26.75
浦发银行	25.31	27.03	22.74
民生银行	33.68	33.09	30.70
兴业银行	23.27	27.68	27.17
平安银行	25.86	29.00	26.80

非利息收入的构成：以招商银行为例

下面我们以招行为例看一下非息收入包含哪些细项，见表 4.8。可以看出手续费和佣金收入包含：银行卡手续费、结算与清算手续费、代理服务手续费、信贷承诺及贷款业务佣金、托管及其他受托业务佣金和其他。其中，前 5 项占比较大。其他非息收入包含：公允价值变动净收益、投资收益、汇兑净收益和其他业务净收入。其中，投资收益占比较大，特别是在实施了新版会计准则之后。下面就对这几个占比较大的数据进行简要说明。

表 4.8 非息收入

	2018 年	2017 年
	（人民币百万元）	
手续费及佣金收入	73,046	69,908
银行卡手续费	16,727	14,011
结算与清算手续费	10,267	9,209
代理服务手续费	12,723	12,287
信贷承诺及贷款业务佣金	6,807	6,372
托管及其他受托业务佣金	23,351	25,245
其他	3,171	2,784
减:手续费及佣金支出	(6,566)	(5,890)
净手续费及佣金收入	66,480	64,018
其他净收入	21,691	12,027
公允价值变动净收益	1,091	671
投资收益	12,636	5,909
汇兑净收益	3,538	1,934
其他业务净收入	4,426	3,513
非利息净收入总额	88,171	76,045

资料来源：招商银行 2018 年年报。

（1）银行卡手续费：这一项主要涉及银行卡相关的手续费，包括账户管理费、刷卡手续费、信用卡年费、信用卡现金支取手续费和分期手续费（大部分银行）。此项主要和发卡数量、卡片种类、交易频度、交易场所、透支金额有关。关于信用卡佣金，本书的 2.4 小节已经探讨过，就不在这里赘述了。

（2）结算与清算手续费：这部分是银行协助客户进行资金清算时收取的手续费，最近两年的快速增长和第三方支付通道对接的无卡支付有关。如果你的支付宝或者微信支付背后绑定了银行卡，当通过第三方支付的时候，银行要收取一定比例的手续费。

（3）代理服务手续费：主要是银行代销各种基金、信托和保险获取的佣金。

（4）信贷承诺及贷款业务佣金：这部分应该属于信贷业务衍生的手续费，本质是一种“息转费”的游戏。当银行给低资质客户放贷的时候，通常会让客户缴纳一定比例的手续费。例如，银行评估某企业资质较差，风险偏高，本来准备将贷款利率设定为 7.5%，但是为了美化报表和应对监管机构降低企业贷款的诉求，就把贷款合同变为贷款利率 6%，中介费 1.5%。这样不但让中收占比提升，而且 1.5% 的手续费相当于提前收回，降低了风险，提高了资金效率。

（5）托管及其他受托业务佣金：主要是托管手续费和理财业务收入。

（6）投资收益：主要是银行投资的部分货币基金和非标债权的收益。

4.2.2　手续费中的“猫腻”

在前面的章节中，我们已经看到了手续费中的细项分布，并且提到了手续费中会存在“猫腻”，本节就让我们来看看手续费中究竟有哪些“猫腻”。

手续费占比之所以被很多银行分析师重视，主要是手续费里面的收入多数来源于中间业务收入，和风险资产的关联不大。所以，更高的手续费收入占比说明银行获取相同收入所冒的风险更小。

既然市场追捧，监管机构也倡导，那么就必然会有银行在进行日常业务记录的时候，打一些擦边球。比如有些银行会将一些模棱两可的业务收入或者一些信贷收入计入手续费收入项下，从而让银行报表的指标看起来更健康。下面就举个例子来说明类似的情况。

多出的银行卡手续费

银行卡手续费是银行手续费收入的重要组成部分。通常来讲银行卡手续费包括小额账户管理费、信用卡年费、刷卡手续费、信用卡取现手续费等。由于对此科目的定义不清晰，所以不少银行打起了银行卡手续费的主意。笔者选取了 5 家典型股份制银行在 2017 年年报里披露的银行卡手续费数据进行比较，如表 4.9 所示。

表 4.9　2017 年银行卡手续费比较

银行	银行卡手续费（亿元）	流通卡数量（万张）	交易金额（亿元）	交易佣金率（估算值）（%）
招商银行	140.11	6245.68	29700	0.47
浦发银行	177.17	2688.49	11930.58	1.49
民生银行	220.09	—	16482.61	1.34
兴业银行	132.28	—	9905.64	1.34
平安银行	185.11	3834	15472.02	1.20

表 4.9 中列示了各家银行的银行卡手续费、信用卡流通卡数量、信用卡交易金额、交易佣金率的估算值。其中交易佣金率的估算值 = 银行卡手续费/交易金额。从列出的数据中我们会发现非常奇怪的现象。首先，作为 5 家股份行中发卡数量最多、交易金额最高的招商银行，其银行卡手续费却明显低于其他几家。另外，除招商银行外的其他几家银行的交易佣金率基本都在 1.2% ~1.5%，而招商银行的交易佣金率只有 0.47%。而按照目前国内监管机构的规定，信用卡发卡行的刷卡手续费率约为 0.45%。所以，招行的这个交易佣金率估算值是一个相对合理的数据，而其他几家显然在银行卡手续费中掺杂了其他的费用。

那么究竟掺入了什么费用呢？其实，只要查一下招商银行 2015 年的年报，这个问题就会有明确的答案了。在招商银行 2015 年年报正文的第 12 页，有一段备注：

2015 年起，本集团对信用卡持卡人分期收入进行了重分类，将其从手续费收入重分类至利息收入，与净利息收入和非利息净收入相关财务指标已重述。

可见，从 2015 年开始，招商银行已经把信用卡分期手续费计入利息收入，所以剩下的基本就是信用卡刷卡手续费了。而其他银行截至 2018 年底，都没有把分期手续费从银行卡手续费里面剔除。

对比分析：究竟哪家银行强？

既然知道了各家银行在分期手续费上的“猫腻”，那么我们不妨对这几家银行的非息收入按照统一口径进行计算。根据常识，银行卡手续费如果刨除分期手续费，剩下的主要有信用卡年费、小额账户管理费、银行卡交易抽佣等几部分。但是，考虑现在银行多数都有刷卡免年费和资产超过一定规模免收账户管理费的规定，所以银行卡手续费的大头就只有刷卡抽佣这一条。考虑现在多数人刷卡是以信用卡交易为主，所以可以把信用卡抽佣费率作为观察窗口。正好，招商银行的银行卡手续费数据是刨除了分期手续费之后的，所以可以以招行的数据作为我们观察其他银行的指导。

表 4.10　招商银行银行卡交易费率

项目	2014 年	2015 年	2016 年	2017 年
银行卡手续费（亿元）	77.02	95.62	110.83	140.11
信用卡交易量（亿元）	13313	18195	22748	29700
手续费率（%）	0.58	0.53	0.49	0.47

从表 4.10 中可以看出，随着交易量的提高，手续费率逐渐走低。利用招行的数据，我们可以开始评估各家股份制银行了。根据招行调整分期手续费的科目后历年披露的数据，我们可以对 2017 年浦发银行、民生银行、兴业银行和平安银行的银行卡业务相关数据进行调整。调整的思路是根据各家信用卡交易额的多少，参照招行对应交易额的手续费，估测各家银行扣除分期手续费后的银行卡手续费。比如，兴业银行用 0.6%，浦发银行用 0.58%，民生和平安银行用 0.55%，具体的数据如表 4.11 所示。

表 4.11　2017 年统一口径后的各股份行中收占比

银行	银行卡手续费（亿元）	信用卡交易额（亿元）	筛除分期手续费后的银行卡手续费（亿元）	原始手续费及佣金收入（亿元）	筛除分期手续费后的手续费及总佣金收入（亿元）	原始中收占比（%）	调整后中收占比（%）
招商银行	140.11	29700.00	140.11	640.18	640.18	28.98	28.98
浦发银行	177.17	11930.58	69.20	455.80	347.83	27.03	20.63
民生银行	220.09	16482.61	90.65	477.42	347.98	33.09	24.12
兴业银行	132.28	9905.64	59.43	387.39	314.54	27.68	22.47
平安银行	185.11	15472.02	85.10	306.74	206.73	29.00	19.54

经过调整我们可以看出，其他4家银行的银行卡手续费都低于招商银行，而且基本上各家的分期手续费占原银行卡手续费的比例都超过50%。调整后，其他4家银行的中收占比都有不同程度的下降，下降最少的是兴业银行，下降了约5个百分点；下降最多的平安银行约为9.5个百分点。将中收统计口径对齐后，可以看出招商银行对比其他银行还是有很大优势。

第5章

银行的费用

银行的费用（支出）主要分为信用（资产）减值损失和业务及管理费两大部分。其中，信用减值损失（也称资产减值损失）主要是银行针对信用风险计提的减值准备，用于应对银行正在或未来将要发生的风险；而业务及管理费主要是员工薪酬、折旧费用和网点租金等。

5.1 信用减值损失

发生信用减值损失的原因

信用减值损失，主要是银行用以应对未来风险的一种方法，同时也是银行调节利润波动的一种有效手段。银行的生意特点是利润前置而风险后置。因为银行从发放贷款的次月就开始按照贷款合同的规定向贷款方收取贷款利息（每月还息，到期还本）或者贷款本息（每月同时偿还贷款和应付利息），而收到的利息就会成为银行的收入（利润）。但是，贷款者最终是否能全额偿还本息，需要等到贷款周期结束才能有结论。那么，在贷款发放到全额收回本息之间的任何时间，借款人或者机构都有可能发生无法偿付的风险。这就是我们所说的“利润前置，风险后置”。简单地说，就是银行今天收到的利润不一定就是真实的利润，而要看未来风险损失的发生情况。

银行的信用减值损失是银行调节利润的重要手段。通常银行费用支出中，业务及管理费的变数不大，无非折旧快一点或慢一点，员工薪酬多一点还是少一点。但是，对于银行的信用减值损失，其可操作的空间就要大得多。通常，银行在营收增长比较多的时候会倾向于多计提减值损失，而在营收不佳的时候少计提减值损失，从而达到平滑利润的目的。

信用减值损失的内容

银行的信用减值损失包括：贷款减值损失、投资资产减值损失和表外资产减值损失等。

笔者选取了招商银行2018年年报第261页，附注54信用减值损失表，如表5.1所示。可以看到，在2018年计提的信用减值损失608.29亿元中，贷款和垫款计提的信用减值损失达到592.52亿元，占总量的97.4%。

表5.1　招商银行信用减值损失（百万元）

	本集团		本行	
	2018年	2017年	2018年	2017年
贷款和垫款	59,252	60,052	58,420	59,320
应收同业和其他金融机构款项	(368)	121	(381)	129
债权投资	787	不适用	676	不适用
其他债权投资	389	不适用	(88)	不适用
可供出售金融资产	不适用	(55)	不适用	(55)
持有至到期投资	不适用	8	不适用	8
应收款项类投资	不适用	(886)	不适用	(886)
表外预期信用减值损失	374	不适用	374	不适用
其他	395	682	343	684
合计	60,829	59,922	59,344	59,200

资料来源：招商银行2018年年报。

造成这一现象的原因，除了贷款在银行的资产结构中占据较大比例外，另一个因素在于贷款产生的不良资产较多，且银保监会规定了信贷资产的强制风险分级制度和与之对应的信用减值准备金计提标准。根据银保监会信贷资产5级分类标准，将贷款划分为：正常、关注、次级、可疑、损失这5类。对于不同级别的贷款，最低计提标准各不相同。正常类贷款按照余额的1%计提不良减值准备金；关注类贷款余额的不良减值准备金计提标准为2%；剩下3类都算作不良贷款，所执行的减值准备金计提标准分别为：25%、50%、100%。当然，以上都是最低标准，实际上银行可以根据自身的情况增加减值准备金的金额。

所以，随着银行贷款余额和不良贷款余额的增长，势必要求不良减值准备金余额持续扩大。这就要求银行必须每年增提信用减值损失并注入不良减值准备金的资金池。

信用减值损失对银行利润的影响

有了信用减值损失这一利润调节工具，投资者所看到的银行会计报表中的净利润和净利润增速就是经过银行调节后的。也就是说，两家银行的净利润增速相似，并不代表两家银行的实际经营情况相近。下面我们看一个例子：某银行 Z 和某银行 X，在 2017 年的年报中净利润增速分别为 13. 24% 和 6. 27%。如果从表面上看，两家银行的净利润增速相差不大。但是，如果投资者考察一下拨备前税前利润增速，就会发现两家银行的差距巨大。

表 5. 2　两家银行数据增速比较（%）

项目	银行 Z	银行 X
净利润增速	13. 24	6. 27
拨备前税前利润增速	4. 08	-12. 97
减值损失增速	-9. 42	-30. 75

可以看到，拨备前税前利润增速方面，银行 Z 是正增长的，而银行 X 是负增长的。两者之间的增速差距达到约 17 个百分点，远高于净利润增速的约 7 个百分点的差距。造成这一差距的原因就是银行 X 在 2017 年大幅降低了减值损失计提的力度，同比减少了 30. 75%。所以，银行 X 是在通过降低减值损失来消除拨备前利润增速负增长的影响。

5.2 业务及管理费

业务及管理费是指银行在业务管理过程中直接发生的有关费用，是银行费用开支中的重要组成部分。通常业务及管理费包含四大类：员工费用、资产折旧费用、租赁费用和其他一般行政费用。以招商银行的业务及管理费为例，如表5.3所示，在2018年的业务及管理费771.12亿元中，员工费用占比最大，达到460.25亿元；其次是其他一般及行政费用，为226.07亿元；租赁费用42.42亿元；资产（有形/无形）折旧和摊销42.38亿元。

表5.3 招商银行业务及管理费

	2018年	2017年
	（人民币百万元）	
员工费用	46,025	39,512
固定资产折旧费	3,255	3,293
无形资产摊销费	983	714
租赁费	4,242	4,189
其他一般及行政费用	22,607	19,064
业务及管理费合计	77,112	66,772

资料来源：招商银行2018年年报。

业务及管理费作为支出，通常投资者肯定认为是越低越好——越低则公司税前利润就越高。实际上，过低的业务及管理费或者业务及管理费增速过低未见得是一个好现象。以招商银行为例，其2018年业务及管理费771.12亿元，同比增长15.49%。其中员工费用同比增长16.48%；其他一般及行政费用同比增长 18.58%。业务及管理费增长主要是因为招商银行从 2017 年开始了以金融科技为基础的银行 3.0 的转型，转型的核心就是大力支持金融科技创新，夯实科技基础。为了推动金融科技的发展，招商银行加大了 IT 基础设施建设及研发人员投入；同时，为提升网点品牌形象及服务水平，着力支持数字化网点软硬件设施改造。

员工费用的增长一方面提升了 IT 员工的待遇，增加了对互联网企业顶级人才的吸引力；另一方面增加了 IT 员工在公司中的占比，使招商银行从传统银行向金融科技公司转型。而数字化网点的建设改善了客户的体验，提升了网点的服务效率。在分支机构和员工总数变化不大的情况下，招商银行在两年内把零售客户数量从 9000 万增加到了 1.25 亿，金融科技的投入可谓功不可没。而反观某些银行，年报里把金融科技挂在嘴边，可是业务及管理费几乎没有增长。没有资金的投入和人力资源的投入，银行怎么可能把金融科技做好？所以，不要看银行在说什么，而要看它们在做什么。

除此以外，在业务及管理费用方面，还要关注固定资产折旧的多少。过低的固定资产折旧有可能是银行费用控制得当，但是还有一种可能，就是银行执行的折旧标准不够严格。比如：同样是一批价值 1 亿元的计算机设备，如果 A 银行采用短期快速折旧法（按照 40%、40%、20% 的标准进行折旧），而 B 银行采用平均折旧法（按照 5 年、每年 20% 的折旧法计算），那么在第一年 A 银行的折旧费用 4000 万元就会是 B 银行的 2 倍。

如果把各家银行对同一类资产的折旧做一个横向对比，就不难发现其中的玄机。我们选取了 5 家股份行：招商银行、浦发银行、民生银行、兴业银行和平安银行，以 2018 年的年报数据为基础，形成了表 5.4。从中不难发现，在房产中计提最为严格的是招商银行，而最不严格的是民生银行。类似地，在电子设备中计提最不严格的是平安银行，最严格的是兴业银行。

表 5.4　2018 年 5 家股份制银行房产、设备折旧比较

银行	房产净值（亿元）	房产折旧（亿元）	折旧率（%）	设备净值（亿元）	设备折旧（亿元）	折旧率（%）
招商银行	165.11	12.20	7.39	34.87	13.44	38.54
浦发银行	88.02	4.24	4.82	20.10	8.96	44.58
民生银行	142.91	5.43	3.74	21.18	10.65	50.28
兴业银行	98.90	4.13	4.18	20.68	10.54	50.97
平安银行	81.16	4.12	5.08	27.45	7.10	25.87

从上面的分析中不难看出，业务及管理费并不是越低越好。企业的盈利提升无外乎两条路：开源和节流。所以，从某种程度上看，只有当企业在开源上无计可施的时候才会考虑节流。只要银行把费用花在该花的地方，能够在未来带来更多的收益，那么这种花费就是良性的，投资者也不用太过担心。

第6章

银行业的特质

把握银行业的特质有助于我们更整体地把握银行的经营情况。银行业是一个古老的行业，已经有几百年的历史了。近代银行的出现是在中世纪的欧洲，在当时的世界中心意大利首先产生。意大利于 1171 年成立的威尼斯银行是最早成立的近代银行，1407 年成立的热那亚银行是早期的存款银行。此后相继成立的一些银行也主要从事存、放款业务，大多具有高利贷性质。

随着资本主义的发展，银行资本和工业资本融合为金融资本。银行由原来简单的“中介人”演变为万能的“垄断者”，它既是控制国民经济的中枢神经，又可通过资本输出和跨国银行的形式进行对外扩张。可以说，现代经济中银行起到了至关重要的作用。在现代经济体系中，资本相当于经济的血液，而银行相当于连通所有经济部门的血管，负责把“血液”输送到最需要的地方。

银行这个古老的行业从股市出现的第一天起就一直是股市之中的“骄子”。现在全球的银行巨头：花旗银行、美洲银行、德意志银行、汇丰银行等，无一不是所在股市的重要成分股。但是，银行业的一些特性也让投资人爱恨交加。这些特性包括：高杠杆、高风险和周期性。如果不能正确认识银行的这些特性，投资银行股就会存在很大的不确定性。

6.1 高杠杆

银行业的第一大特质，即高杠杆。所谓高杠杆，就是指银行的总资产远远大于其净资产，而总资产和净资产的差额就是总负债。通过第1章和第2章的描述我们可以知道，高杠杆的实际含义就是银行用于放贷和购债的钱绝大部分来自从客户和同业那里借来的负债。以工商银行、招商银行、宁波银行为例，我们可以看一下总资产和净资产的比值情况，如表6.1所示。

表6.1 2018年3家银行总资产和净资产的比值

银行	总资产（亿元）	总负债（亿元）	净资产（亿元）	杠杆倍数（倍）
工商银行	276995.40	253546.60	23448.83	11.81
招商银行	67457.29	62021.24	5436.05	12.41
宁波银行	11164.23	10351.93	812.30	13.74

首先，从表6.1中不难看出，无论是国有大行、股份制银行还是城商行，其杠杆的倍数都要高于10倍。其次，可以看到越是体量较小的银行，杠杆倍数越高。高杠杆是一柄双刃剑，计算利益的时候可以乘10倍，计算损失的时候也要乘10倍。

通常我们在谈企业的营运能力时有两个常用指标：总资产收益率（Return on Asset，ROA）和净资产收益率（Return on Equity，ROE）。在普通企业，这两个指标相差不大，以典型的制造业贵州茅台为例，在2018年年报中，贵州茅台的ROA是25.69%，ROE是34.46%。但是，在银行业这两个数据就会差距巨大。以招商银行 2018 年年报数据为例，ROA 是 1.24%，ROE 是 16.57%，而造成这一现象的原因就是高杠杆。按照 ROE 和 ROA 的指标定义，可以看到：ROE = 净利润/净资产，ROA = 净利润/总资产。所以，实际上 ROE/ROA = 总资产/净资产 = 杠杆倍数。

但是细心的读者可能会发现，如果用 2018 年招行年报披露的 ROE = 16.57%，ROA = 1.24%，计算出来的杠杆倍数和表 6.1 计算的不同。造成这一问题的原因很简单：一般银行在年报里披露的 ROE 和 ROA 不是时点值，而是一个平均值。以招行 2018 年年报的 16.57% 为例，准确的说法是：归属于本行普通股股东的平均净资产收益率，这个指标的标准叫法不是 ROE，而是 ROAE（Return on Average Equity）。类似地，1.24% 也不是 ROA，标准的叫法是平均总资产收益率，即 ROAA（Return on Average Asset）。

下面我们再来看一下杠杆对于损失的放大作用。如果一家银行 1% 的总资产成为坏账，永远收不回来了，那么假设在没有资产减值准备金的情况下，这些坏账会给银行带来净资产 10% 以上的损失。这相当于当年超过一半的净利润要拿去“填”坑。所以，不难看出在高杠杆的条件下，银行的资产质量对于盈利至关重要。一旦批量出现资产违约，高杠杆营运的银行很容易“暴雷”。以美国为例，1982—1992 年，美国每年都有上百家银行倒闭。

2008 年 9 月 26 日，全美最大的储蓄及贷款银行——总部位于西雅图的华盛顿互助银行被美国联邦存款保险公司（FDIC）查封、接管，华盛顿互助银行设立于 1889 年，涉及资产 3070 亿美元，它的倒闭成为美国有史以来最大的一桩银行倒闭案。

正是由于高杠杆给银行业带来暴利的同时也带来了很大的风险，随着银行业越来越多地融入整个现代经济体系，其金融风险很容易快速传播。所以，为了防止巨型金融机构的倒闭，近年来全球银行业在不断压制银行，特别是大、中型银行的杠杆倍数。压制银行杠杆倍数的关键手段就是提高资本充足率。

6.1.1 资本充足率

高杠杆是一把双刃剑，给银行带来高利润的同时也带来了高风险。因此，目前国际上通行的金融规范是引入一组重要的监管指标来控制银行的杠杆倍数——资本充足率。

资本充足率的计算

资本充足率，又叫资本风险（加权）资产率［Capital to Risk（Weighted）Assets Ratio，CRAR］，是资本总额对其风险加权资产的比率，反映了商业银行在存款人和债权人的资产遭到损失之前，该银行能以自有资本承担损失的能力。比如，假设一家银行的核心一级资本充足率为10%，也就是说该银行的风险加权资产出现了不到10%的资产损失，银行都可以用核心一级资本吸收这些损失。目前，各国的金融监管机构都将这一组指标作为抑制风险资产过度膨胀、保证银行等金融机构正常运营和发展的工具。资本充足率的公式为：

资本充足率=资本/风险加权资产=（资本-资本扣除项）/［信用风险加权资产+（操作风险资本+市场风险资本）×12.5］

之所以说资本充足率是一组监管指标，是由于资本充足率中包含了3个相关的指标：核心一级资本充足率、一级资本充足率和二级资本充足率。这三者的差异主要是计算的时候究竟是使用“核心资本”“核心资本+其他一级资本”，还是使用“核心资本+其他一级资本+附加资本（二级资本）”。三者的定义和计算公式如下：

核心一级资本充足率=核心一级资本/风险加权资产

一级资本充足率=（核心一级资本+其他一级资本）/风险加权资产

资本充足率=资本/风险加权资产=（一级资本+二级资本）/风险加权资产

在这一组指标定义中涉及了四个重要的概念：核心一级资本、其他一级资本、附属资本（二级资本）和风险加权资产。下面就分别对这四个重要概念进行解释。

核心一级资本：是金融机构可以永久使用和支配的自有资金，其构成包括实收资本（主要是普通股权）、资本公积、盈余公积、未分配利润等。

其他一级资本：包括其他一级资本工具及其溢价、少数股东资本。具体到银行的报表中，其他一级资本工具主要包括优先股和永续债。

附属资本：又称为二级资本，是银行的次等资本，包括未披露准备金、一般损失准备金、从属有期债务、（债权/股权）混合资本工具和次级长期债券等。

风险加权资产：是指对银行的资产加以分类，根据不同类别资产的风险性质确定不同的风险系数，以这种风险系数为权重求得的资产。对于各类资产的风险权重，我们则放到下一部分“权重法和高级法”说明。

以招商银行为例

下面笔者就以招商银行 2018 年年报披露的数据为例，让大家对资本充足率有一个更直观的认识，见表 6.2。

表 6.2　招商银行资本充足率

本集团	2018 年 12 月 31 日	2017 年 12 月 31 日	本年末比 上年末增减（%）
	（人民币百万元，百分比除外）		
高级法下资本充足率情况			
核心一级资本净额	482,340	425,689	13.31
一级资本净额	516,433	459,782	12.32
资本净额	641,881	546,534	17.45
风险加权资产(不考虑并行期底线要求)	3,530,424	3,291,816	7.25
其中:信用风险加权资产	3,052,636	2,848,064	7.18
市场风险加权资产	65,906	57,560	14.50
操作风险加权资产	411,882	386,192	6.65
风险加权资产(考虑并行期底线要求)	4,092,890	3,530,745	15.92
核心一级资本充足率	11.78%	12.06%	下降 0.28 个百分点
一级资本充足率	12.62%	13.02%	下降 0.40 个百分点
资本充足率	15.68%	15.48%	上升 0.20 个百分点

续表

本集团	2018 年 12 月 31 日	2017 年 12 月 31 日	本年末比 上年末增减(%)
	(人民币百万元,百分比除外)		
杠杆率情况			
调整后的表内外资产余额	7,812,054	7,309,756	6.87
杠杆率	6.61%	6.29%	上升 0.32 个百分点

资料来源：招商银行 2018 年年报。

在表 6.2 中可以看到，2018 年招商银行的核心一级资本 4823.4 亿元，一级资本 5164.33 亿元。所以，可以计算出一级非核心资本为 340.93 亿元。而已知招商银行在 2017 年 10 月和 12 月分别发行了 10 亿美元和 275 亿人民币的优先股，合计约 340 亿人民币，正好和一级非核心资本完全匹配。而资本净额为 6418.81 亿元，可以计算出二级资本为 1254.48 亿元。风险加权资产中包含了信用风险加权资产、市场风险加权资产和操作风险加权资产。

读者可能注意到了，这个表里面有一个“考虑并行期底线要求”，将在下一节中予以说明。在此处我们可以直接理解为，按照会计准则的要求，招商银行需要额外添加 5000 多亿元的风险资产。

6.1.2 权重法和高级法

经常阅读银行年报的投资者可能会注意到，在有些银行的年报中，资本充足率由两部分报告组成：权重法计算的资本充足率和高级法计算的资本充足率。那么，究竟什么是权重法，什么是高级法呢?

两种方法的对比：哪个更好?

说到这两个概念，首先需要从风险加权资产谈起。风险加权资产主要是为了定量衡量银行配置的资产中风险的大小。风险加权资产（Risk - weighted Assets）是指对银行的资产加以分类，根据不同类别资产的风险性质确定不同的风险系数，然后以风险系数为权重求得的资产。不同的资产，其风险系数是完全不同的，比如，对于我国的国债，其风险系数为 0，也就是说配置国债是不占用风险资产的；普通的企业贷款其风险系数为 100%；零售按揭贷款的风险系数是 50%。

而高级法和权重法实际上就是两种不同的确定风险系数的方法。其中权重法又称“信用风险权重法”，是指银行将全部资产按照监管规定的类别进行分类，并采用监管规定的风险权重计量信用风险加权资产的方法；而高级法，又称为“信用风险内部评级高级法”，是指商业银行使用自己内部的评估系统，对风险资产的主体进行评级，并依据评级结果对风险资产的风险系数进行设定。所以，用简单的一句话总结就是，权重法的风险系数是统一规定的，而高级法的风险系数是由银行内部的评估系统结合历史资产违约数据计算后给出的。

高级法是由巴塞尔新资本协议（这部分将在 6. 1. 3 节讲解）提出的信用风险评级方法。对商业银行而言，实施内部评级高级法有助于其提升风险计量和精细化管理水平，并改善风险管理框架和流程；对监管机构而言，内部评级法的推广将提高资本监管的风险敏感度和灵活性，推动监管技术进步。

对于银行来说，高级法和权重法这两种方法，主要的差别到底在什么地方呢？这两者的主要差别在于统一标准和个性化标准到底哪个更有利于正确反映银行所面对的风险。很显然，高级法对于风险的评估认定更精准，更符合实际情况。但是，最好的未见得是最优选择。如果银行的长期资产质量优于监管标准，那么在使用高级法的时候，该银行的风险资产权重就会被下调，反之就会被上调。所以，采用高级法和节省资本之间并没有必然联系。

以交通银行为例，其 2017 年年报披露的高级法核心资本充足率为 10. 79%，而按照权重法计算出来的核心资本充足率为 10. 51%，两者之间相差无几。可以说，实施高级法对于交通银行的帮助不太大。反观招商银行，同样是 2017 年的年报，高级法核心资本充足率为 12. 06%，而权重法的数据只有10.01%，两者差距巨大。大体上看，高级法对于不良率偏低的、零售业务占比高的以及贷款占比高的银行更有利。

高级法并行期

提到高级法，就不得不说说高级法并行期底线的问题。所谓高级法并行期，就是针对首次实施高级法的银行，在施行的前3~5年属于高级法和权重法的并行期。并行期期间，银行的风险资产节约是受限制的。

高级法设计的初衷是为了让风险资产更贴近银行的实际情况，但是由于所有的模型和数据都由银行自己控制，可能出现有些银行监管套利的问题。所以，《巴塞尔协议Ⅲ》提出资本底线要求（Output Floor），说白了就是不能让风险加权资产在这两种计算方法之间出现太大的偏差。我国采取了3年的并行期，在并行期内可接受的调整系数底线依次为95%、90%和80%。也就是说在并行期的第三年，高级法下计算的风险加权资产必须大于权重法下计算的风险加权资产的80%。

但是，并不是说3年并行期结束，银行就可以自动进入完全采用高级法的状态。银行结束并行期需要得到银保监会的批准。截至2019年，只有交通银行获准结束了并行期。招商银行虽然已经在2017年度过了并行期的第三年，但是没经过审批前依然受80%的底线限制和并行期的其他限制，比如在上文表6.2中提到的，2018年考虑并行期底线要求的风险加权资产比不考虑并行期底线要求的要多5624.66亿元。下面我们对比分析2017年年报的数据，如表6.3所示。

表6.3 2017年招商银行资本充足率

本集团	2017年12月31日	2016年12月31日	本年末比上年末增减（%）
	（人民币百万元，百分比除外）		
高级法下资本充足率情况			
1. 核心一级资本净额	425,689	388,762	9.50
2. 一级资本净额	459,782	388,780	18.26
3. 资本净额	546,534	449,116	21.69

续表

本集团	2017年12月31日	2016年12月31日	本年末比上年末增减(%)
	(人民币百万元,百分比除外)		
4. 风险加权资产(不考虑并行期底线要求)	3,291,816	3,209,980	2.55
其中:信用风险加权资产	2,848,064	2,813,611	1.22
市场风险加权资产	57,560	38,073	51.18
操作风险加权资产	386,296	358,296	7.79
5. 风险加权资产(考虑并行期底线要求)	3,530,745	3,368,990	4.80
6. 核心一级资本充足率	12.06%	11.54%	上升0.52个百分点
7. 一级资本充足率	13.02%	11.54%	上升1.48个百分点
8. 资本充足率	15.48%	13.33%	上升2.15个百分点
杠杆率情况			
9. 调整后的表内外资产余额	7,309,756	6,758,093	8.16
10. 杠杆率	6.29%	5.75%	上升0.54个百分点

资料来源：招商银行2017年年报。

从表6.3中不难看出，在并行期底线要求下2017年风险加权资产多了2389.29亿元（35307.45－32918.16），也就是说2018年并行期底线要求和2017年比多加了将近3235.37亿元风险资产。那么，这多加的风险加权资产是怎么产生的呢？通过招行2018年年报第53页披露的内容，我们可以找到一些端倪，如下所示：

按照监管的资本底线计算规则，高级法下底线加回的风险加权资产与其超额拨备呈正相关，由于本公司坚持更加审慎稳健的风险管理策略，2018年拨备计提较为充分，相应计入高级法二级资本的超额拨备增多，因此底线加回的风险加权资产较上年增加3,243亿元，拉高了高级法下风险加权资产（考虑并行期底线要求）增速。

从招行2018年年报的原文中可以得知，增加的风险资产主要是超额拨备造成的。简单地说就是招行计提了太多的拨备，其中超额拨备被计入了二级资本，但是并行期底线要求对于计入二级资本的超额拨备需要乘以一定系数后计入风险加权资产。由于上述年报第53页展示的数据的口径是本公司，而表6.2和表6.3的口径是本集团，所以，被加回的风险加权资产会有一些出入，但是原理是类似的。

实施高级法的难点

既然高级法能够更好地节省资本金，为什么除了五大行（工、农、中、建、交）和招行外，其他银行没有获批实施高级法呢？答案很简单，因为实施高级法是一个耗时巨大的系统工程。以招商银行为例，其2003年就开始探索资本计量高级方法，并聘请了国际知名的穆迪投资者服务公司，启动风险量化方法研究和模型建设工作。

2007年银监会发布了《中国银行业实施新资本协议指导意见》，招行正式向银监会提交了实施规划。经过为期3年多的实施准备，招行于2010年接受了银监会对实施工作的预评估，2011年接受了正式评估，2012年接受了验收复评。2012年底，在银监会验收复评组认为招行已经具备了申请的基本条件的情况下，招行董事会决定正式向银监会提出申请。2014年银监会核准了招商银行资本计量高级方法的实施申请。

由此可见，从开展工作到最终获批，招商银行准备了整整10年的时间，在这10年里进行了大量的模型建设、流程再造和风险数据的累积。可以说，国内6家获批实施高级法的银行都是花了很多时间、精力在“修炼内功”的。

6.1.3 《巴塞尔协议Ⅲ》

说到银行的监管指标——资本充足率，就不得不讲一讲目前全球银行监管共同遵循的监管标准：《巴塞尔协议Ⅲ》（以下简称“巴Ⅲ协议”或“巴Ⅲ”）。《巴塞尔协议》是巴塞尔委员会制定的、全球主要银行的资本和风险监管标准。所谓巴Ⅲ就是《巴塞尔协议》的第三代版本。巴塞尔委员会最初由来自13个国家的银行监管当局组成，是国际清算银行的四个常务委员会之一。

因何诞生：《巴塞尔协议》的历史

实际上我们现在经常挂在嘴边的《巴塞尔协议》是一个诞生时间不长的协议。巴塞尔委员会发布的第一个版本协议在 1988 年，距今不过 30 多年的时间。但是，它的出现对全球银行业的发展格局产生了深远的影响。在没有此协议之前，银行业是不受资本充足率监管限制的。所以，在 20 世纪初，银行业的发展可以用“脱缰的野马”来形容。以美国为例，在 20 世纪初，任何出资 10 万美元的个人都可以成立私人银行，再加上完全没有相关的监管限制，银行野蛮生长。但是，在这种环境发展起来的银行抗风险能力极差。例如，在 1929 年股市暴跌诱发的大萧条中，3 年就有 9000 多家银行倒闭。所以，后来银行业监管当局引入了一系列风险监管指标，限制银行业的超常规发展。小范围的风险虽然被压制，但是更大的风险，特别是跨国银行的出现，使跨境金融风险逐渐浮出水面。

在 1974 年，连续有 3 家大型国际商业银行因外汇投机活动造成的巨额损失而破产倒闭。这 3 家银行是前联邦德国的赫塔特特银行、纽约富兰克林国民银行和英国 – 以色列银行。在第二年 9 月，第一份《巴塞尔协议》的草稿出现，其内容还是相当简单的。这份草稿几经修改，到 1988 年定稿时已经成为一份相当完善的银行风险管控的文件，其中包含了 4 部分内容：（1）资本的分类；（2）风险权重的计算标准；（3）1992 年资本与资产的标准比例和过渡期的实施安排；（4）各国监管当局自由决定的范围。从这份协议中已经可以看到后期主要的监管手段：资本分类和风险权重已经被包含在其中。可以说后来的巴Ⅱ和巴Ⅲ都是对相关的细节和标准进行修补，而主要的框架在第一版中就已经确定了。

至于为何从草稿到第一版发布中间间隔了 12 年，其实这里面有不少坊间的野史，其中最著名的一条坊间传闻就是：《巴塞尔协议》是欧美银行业用以限制日本银行业发展的一个撒手锏。实际上整个 20 世纪七八十年代被称为“日本的时代”一点也不为过。随着日本经济的全面腾飞，日本银行业在全球范围都可以说是风光无限。在 20 世纪 80 年代末期，全球 10 大银行中日本一国占了8家。

日本银行的超常规发展除了由本国经济的高速发展带动外，银行业的高杠杆倍数也是一个重要因素。但是，令欧美银行界称奇的是，虽然日本以高杠杆赚取了丰厚的利润，实现了超高速的发展，但日本银行业并未出现欧美银行业的风险。有学者认为，东亚文化中民众的高储蓄率和对银行近乎盲目的信任降低了银行业出现风险的概率。所以，相信这种阴谋论的人认为，《巴塞尔协议》就是欧美银行业在斗不过日本银行业的情况下给日本银行业量身打造的一副“镣铐”：通过资本分类和充足率的要求，压低日本银行业的杠杆率，以达到限制其发展的目的。

当然，我们作为投资者无从考证这些猜测是否有依据，我们只知道目前《巴塞尔协议》已经成为全球银行监管机构的“圣经”。所有想要参与全球金融“盛宴”的银行必须遵循这一规则。最新版本的巴Ⅲ协议签订于2010年9月12日。27个成员方就加强银行业监管的《巴塞尔协议Ⅲ》达成一致。该改革方案主要涉及最低资本要求水平，包括将普通股比例最低要求从2%提升至4.5%，建立2.5%的资本留存缓冲和0~2.5%的逆周期资本缓冲。

巴Ⅲ协议之所以大幅提升资本监管要求，主要是在2008年全球刚刚经历了一次世界范围的金融危机。危机从美国的次级债开始，逐渐向主要成熟经济体蔓延。其间，美国政府出手援助了花旗银行，各国政府开始意识到现有的金融监管留下的可操作空间太大，而超大型商业银行已经大到了经济无法承受其倒闭的情况。所以，巴Ⅲ显著降低了商业银行的杠杆率。

中国版本的核心内容

我国银行业以巴Ⅲ的标准为范本，制定了中国版的巴Ⅲ协议。中国版的巴Ⅲ比标准的巴Ⅲ更加严格，二者的区别如下。

第一，资本充足率方面：

（1）中国核心一级（普通股）资本充足率最低标准为5%，巴Ⅲ规定的是4.5%。

（2）中国系统重要性银行附加资本要求暂定为 1%，巴塞尔委员会规定为 1% ~3.5%。

（3）过渡期，中国要求 2012 年初开始实施，2016 年底达标；巴Ⅲ要求 2013 年初开始实施，2018 年底达标。

第二，杠杆率：中国是 4%，巴Ⅲ是 3%。

总体来说，我国银行业对于核心资本的最低要求就是：5% +2.5%（资本留存缓冲）=7.5%，而对于大、中型系统重要性银行，再增加额外 1% 的附加资本，所以国内系统重要性银行的核心一级资本最低的要求就是：7.5% +1% =8.5%。

对中国银行业的影响

巴Ⅲ对于我国银行业的影响是深远的。从 2012 年开始，中国银行业的标签就是“融资、融资、再融资”。巴Ⅲ抬高了资本充足率指标，相当于压低了银行的杠杆倍数，进而削弱了银行的盈利能力。而盈利能力的下降，反过来又减慢了银行通过利润累积核心资本的速度。所以，除了少数 ROA 和 RORWA（风险加权资产收益率）比较高的银行外，多数银行需要通过补充资本让核心资本充足率赶在 2016 年底前达标。银行不停的融资给投资者带来了很糟糕的投资体验。投资者开始用脚投票，再叠加盈利能力的下降和经济周期等因素的共同作用，最终击垮了中国银行业的估值体系，导致在一个经济高速增长的大型经济体内，整个银行体系被给予了低于净资产的估值。

值得庆幸的是，主流的上市银行已经在 2016 年底达到了中国版巴Ⅲ的最低要求。未来对于大多数银行来说，资本充足率的标准不会继续提升。对于银行未来的发展，剩下的问题只是银行能否在当前的资本充足率标准下实现内生性增长。所谓内生性增长，就是银行在不依赖外部融资的情况下，完全依靠净利润留存来支撑风险资产的增长。就现状看，只有招行、建行等少数银行能够在内生性增长的前提下保持资产的中高速增长，而多数银行要么降低资产扩张速度，要么进行股权融资。

当然，巴Ⅲ并不是银行最严重的“紧箍咒”，下一部分谈到的系统重要性银行和总损失吸收能力才是银行生意模式的终结者。

6.1.4 系统重要性银行

全球系统重要性银行（Global System Important Banks，G-SIBs），是指全球银行业监管机构于2011年7月21日圈定的28家具有“全球系统重要性”的银行，并建议对其实施1%～2.5%的附加资本要求。在特定条件下，这些系统重要性银行可能面临最高3.5%的附加资本要求，以避免金融危机重演。后期，全球银行业监管机构会根据G-SIBs的评分标准，每年定期审核全球的重要性银行。目前这一范围基本稳定在28～30家。

为何要设置系统重要性银行?

全球银行业监管机构设定系统重要性银行的目的，主要是解决大型银行大到不能倒的问题。随着大型银行的跨国经营，其已经渗透到了全球经济的每个角落。一旦这种大型金融机构发生破产清算，其造成的影响和风险将会引发全球性的经济动荡。所以，需要通过强制提高这些系统重要性银行的资本监管要求，增强这些大型银行抵抗风险的能力。在前文的介绍中，我们说到资本充足率有两个作用：第一，作为银行吸收风险损失的“保护垫”，防止银行由于过高的经营风险而破产；第二，降低银行的杠杆倍数，降低风险爆发产生的影响。

全球系统重要性银行内部也是存在分级的，实际上按照G-SIBs的评分，系统重要性银行被分成5级。最高级别要求核心一级资本充足率要达到巴Ⅲ下限7%之上增加3.5%的标准，其他级别依次分别为7%下限之上增加2.5%、2%、1.5%和1%的标准。如果无法达到此要求，监管者有权暂停其股息派发，并施加限制措施。从表6.4中不难看出全球5级银行是空缺的，达到4级的1家，3级的3家，2级的8家，1级的17家。

表 6.4　2018 年全球系统重要性银行及额外资本要求

组别（附加资本缓冲要求）	G-SIBs 名单
5（3.5%）	无
4（2.5%）	摩根大通共 1 家
3（2.0%）	花旗集团、德意志银行、汇丰控股共 3 家
2（1.5%）	美国银行、中国银行、巴克莱银行、法国巴黎银行、高盛集团、中国工商银行、三菱日联金融集团、富国银行共 8 家
1（1.0%）	中国农业银行、纽约梅隆银行、中国建设银行、瑞士信贷集团、法国人民储蓄银行集团、法国农业信贷银行、ING 集团、瑞穗金融集团、摩根士丹利、加拿大皇家银行、桑坦德银行、法国兴业银行、标准渣打银行、道富银行、三井住友金融集团、瑞银集团、裕信银行共 17 家

数据来源：FSB、中国银行国际金融研究所。

四大行入选

2011 年，国际化程度最高的中国银行最早入选，随后，中国工商银行、中国农业银行和中国建设银行分别在 2013 年、2014 年和 2015 年入选。目前，中国银行和工商银行需要附加 1.5% 的核心一级资本要求，农业银行和建设银行需要附加 1% 的核心一级资本要求。从四大行的测评分来看，工行、农行和中行这 3 家 G-SIBs 评分同比都是增加的，只有建行的评分是同比下降的。

表 6.5　四大行的 G-SIBs 得分

银行	年份	规模指标	关联性指标	金融基础设施	复杂性	跨境行为	总得分
工商银行	2017	93.25	59.13	50.01	41.55	24.05	267.99
	2018	98.93	65.66	41.70	51.78	25.35	283.43
农业银行	2017	75.27	47.03	21.38	26.07	6.19	175.94
	2018	80.01	44.04	19.95	31.74	7.29	183.03
中国银行	2017	70.57	51.53	33.29	20.47	55.17	231.02
	2018	73.52	55.50	46.52	23.54	54.41	253.50
建设银行	2017	80.35	51.45	41.62	66.16	11.54	251.11
	2018	82.70	44.88	36.20	46.90	14.21	224.89

数据来源：FSB、中国银行国际金融研究所。

从表6.5的打分中可以看到，G-SIBs评分体系主要考察5个方面，包括规模、关联性、金融基础设施、复杂性、跨境行为。其中，规模指标占评分的大头。而最近几年，中国银行业的G-SIBs总体得分提升较为明显，我国银行业的规模增长和国际化程度的提高是其中重要的原因。

国内候选银行

除了已经入选全球系统重要性银行的四大行外，还有5~6家国内银行列入了候选名单（30~50名）。这些银行是：交通银行、兴业银行、浦发银行、民生银行（2017年）、中信银行、招商银行。这些银行的G-SIBs得分如表6.6所示。

表6.6 系统重要性银行候选名单

2018年		2017年	
银行名称	得分	银行名称	得分
加拿大多伦多道明银行	126	兴业银行（中国）	128
交通银行（中国）	118	法国人民储蓄银行	126
北欧联合银行	118	加拿大多伦多道明银行	117
苏格兰皇家银行	118	北欧联合银行	115
野村控股	116	加拿大丰业银行	114
日本农林中央金控	103	野村控股	113
兴业银行（中国）	96	日本农林中央金控	107
西班牙毕尔巴鄂比斯开银行	93	交通银行（中国）	107
加拿大丰业银行	86	民生银行（中国）	106
意大利联合圣保罗银行	86	西班牙毕尔巴鄂比斯开银行	99
上海浦东发展银行（中国）	81	上海浦东发展银行（中国）	91
德国商业银行	80	中信银行（中国）	79
加拿大蒙特利尔银行	79	德国商业银行	78
中信银行（中国）	79	加拿大蒙特利尔银行	76
招商银行（中国）	77	意大利联合圣保罗银行	75
英国劳埃德银行	74	澳新银行	75
澳新银行	73	招商银行（中国）	72
日本三井住友信托银行	73	澳大利亚联邦银行	71

续表

2018 年		2017 年	
银行名称	得分	银行名称	得分
德国中央合作银行	72	澳大利亚国民银行	69
澳大利亚联邦银行	71	德国中央合作银行	69

数据来源：FSB、中国银行国际金融研究所。

从表 6.6 可以看出，除了民生银行 2018 年退出候选名单外，其他 5 家国内银行的排序总体变化不大。令人吃惊的是，作为国内股份制银行“老大”的招行，其重要性得分要低于兴业、浦发等银行。在 2017 年，兴业银行的评分已经摸到了系统重要性银行的门槛（130 分），而从目前的态势看，招行在短期内是不可能被纳入全球系统重要性银行的。下一个有望被纳入的银行就是交通银行，这对于交行来说就非常尴尬了。因为交通银行无论是净利润还是营业收入都不如招行，核心资本充足率也低于招行，结果未来却要接受更严格的资本监管。显然，招商银行从 2014 年开始推进的轻型银行的转型是卓有成效的，用更少的资产规模和资本消耗却产生了更高的营收和净利润。

纳入全球系统重要性银行的得与失

银行被纳入全球系统重要性银行到底是利大于弊还是弊大于利呢？综合考量，笔者认为各有利弊，但是弊大于利。纳入全球系统重要性银行对于银行来说，最大的弊端就是受到更严格的核心资本监管，这会严重降低被纳入银行的杠杆率，从而降低其 ROE 的表现；而被纳入带来的好处就是其信用评级会被提高，这些银行可以以更低的利率发债，补充二级资本。

6.1.5　总损失吸收能力

上一部分我们探讨了全球系统重要性银行和与其对应的核心资本监管标准。国际银行业监管机构除了对全球系统重要性银行提出核心一级资本要求外，对于这些银行的总资本还有单独的要求——总损失吸收能力。

中国银行业面临的压力

总损失吸收能力（Total Lost Absorb Capability，TLAC）是全球系统重要性银行在进入处置程序时，能够通过减记或转股的方式吸收银行损失的各类资本或债务工具的总和。总损失吸收能力是金融稳定理事会针对全球系统重要性银行提出的，本质上也是为了增加这些银行抵抗风险的能力。但是，TLAC 的要求主要体现在总资本（或二级资本）方面，其要求从 2019 年初起全球系统重要性银行的 TLAC 达到 16%，并且杠杆率指标超过 6%；2022 年初起 TLAC 超过 18%，并且杠杆率指标超过 6.75%。而对于以新兴市场经济体为总部的全球系统重要性银行可延后 6 年执行 TLAC 要求，即达标日期分别为：2025 年 1 月 1 日和 2028 年 1 月 1 日。

但是，中国人民银行在 2018 年 11 月公布的《中国金融稳定报告（2018）》中披露，“虽然我国可延期 6 年执行 TLAC 要求，但鉴于近年来我国债券市场不断深化，信用债券规模上涨幅度较快，信用债/GDP 比值很可能提前达到 55% 的触发条件”，这会使中国的四大行提前达到执行 TLAC 的门槛。所以，四大行需要利用新型资本工具快速补充二级资本以尽快达到 TLAC 的要求。如表 6.7 所示，截至 2018 年底，四大行中只有建设银行超过了 TLAC 第一阶段的入门门槛要求（≥16%），而其他 3 家离门槛还有一定距离。而且，从 2017 年和 2018 年的数据对比来看，工、农、中 3 家单靠利润累积很难在 2019 年达标。所以，短期之内这 3 家银行都存在发行资本工具补充二级资本的需要。

表 6.7　2017—2018 年四大行二级资本充足率（%）

银行	2017 年	2018 年
工商银行	15.14	15.39
农业银行	13.74	15.12
中国银行	14.19	14.97
建设银行	15.50	17.19

而对于发行资本工具补充二级资本，目前最合适的方式是发行带有减记条款的无固定期限资本债（永续债）。在过去银行补充二级资本的资本

债主要是发行固定期限的二级资本债，比如 5 年期或 7 年期资本债。但是，根据最新的资本补充工具要求，这种有赎回期限的二级资本债，其可纳入二级资本的金额要根据到期期限打折，也就是说越接近到期日，能计入二级资本的比例越低。所以，银行纷纷转向发行永续债。永续债发放的利息可以在税前抵扣，这样其真实利率就会低于同利率的优先股，因为优先股派发的股息是税后扣除的。

其实，如果只是一次性补充附属资本，银行股的投资者是不会担忧的。问题在于 TLAC 本身会降低银行的规模扩张积极性。大家可以参考下面的模型。

假设银行 A 已经按照 TLAC 的标准达到 16% 的资本充足率，如果按照未来每年 12% 的增速发展，看看现有的模型是否能够依靠留存利润满足第二年的风险资产增速。假设银行 A 总资产 10000 亿元，净资产 800 亿元，生息资产 9300 亿元，风险加权资产占总资产的 60%，总计 6000 亿元；二级资本共 6000 × 16% = 960 亿元，其中，净资产 800 亿元，优先股 60 亿元（股息率 5%），二级资本债 100 亿元（利息率 5%）；净资产收益率 15%，净利润 120 亿元；营收 300 亿元，其中利息收入占 75%，非息收入 25%；费用 150 亿元（含营运费用、减值和二级资本债利息支出），税率 20%；优先股利息 3 亿元（税后扣除），普通股分红率 30%，那么刨除分红后还余 81.9 亿元加入未分配利润。假设在息差恒定、各部分收入和支出同步增速 12% 的情况下，风险资产从 6000 亿元增加到 6720 亿元，新增 720 亿元需要对应 115.2 亿元的资本金，其中 7.2 亿元为可以允许增发的优先股份额，剩下 26.1 亿元的缺口（115.2 - 81.9 - 7.2 = 26.1），就算按照 2% ~ 3% 的标准补充二级资本债，依然有 4.5 亿 ~ 11.7 亿元的资本金缺口。由此可见，在现有的模式下，银行 A 无法保持内生性增长。

达标的路径选择

对于全球系统重要性银行，如果想实现内生性增长，只能在如下的 4 个办法中选择一个或多个组合解决问题。

（1）减少分红，按照上面的原始模型，即使依靠降低分红和发行优先股、资本债来弥补缺口，也需要把分红率从30%下降到20%左右。这个显然不是广大股东期望看到的。

（2）降低依赖资产规模扩张的利息收入，增加非息收入。比如，将规模引导的利息收入增速从12%降低到8%，对应的缺口由非息收入补上。那么，非息收入需要提升到300×1.12－300×0.75×1.08＝336－243＝93亿元。93/（300×0.25）＝1.24，所以非息收入需要达到增速24%，非息收入占比会提升到27.68%。风险资产从6000亿元增加到6480亿元，新增480亿元需要对应的资本金为76.8亿元。而分红后未分配利润补充资本金78.4亿元，刚好把资本金的缺口补上，不需要任何股权和债权融资。所以，可以看到通过提升中间收入占比是可以实现在高资本充足率下保持一定净利润增速的。

（3）提高净息差、降低风险，实现高效的风险定价机制。这种方法主要达到的目的是在增加利息收入、降低风险减值损失、提高利润的同时，尽量少增加风险资产。这里就不做详细的计算了。但是，通常银行的息差和风险与经济周期是紧密相关的，长期来看息差和整个经济体的活力成正相关。因此，银行指望持续提升利差，除了靠天吃饭外，还需要寻找高收益、低风险的资产，比如零售信贷。

（4）增加低风险权重的资产配置。不同的生息资产的风险权重是不同的，比如普通对公贷款风险权重是100%，零售按揭是50%。通过提高低风险权重资产的配置可以降低风险权重资产的增速，从而达到减少资本消耗的目的。

通过上面5个部分的内容，相信大家对于银行的高杠杆特性和对应的监管体系有了清晰的认知。之所以在此处花费如此多的笔墨阐述这些内容，是因为市场上多数的投资者在对银行股进行分析的时候，往往忽略了高杠杆特性以及对应监管体系对银行的长期影响。

从2010年到2016年，国内整个银行板块持续表现低迷，和银行业执行巴Ⅲ协议造成的被动降杠杆有非常紧密的关联。越来越高的资本金要求已经使中国的银行业产生了明显的分化。少数优秀的银行不依赖融资就可以保持中高速发展，而多数银行至今依然没有跳出增发、扩张、再增发、再扩张的怪圈。

6.2 风险

风险性是银行业的第二大特质。银行业本身就是一种经营风险的行业。银行在识别资产风险的基础上给资产进行风险定价（贷款利率），然后将刚性负债配置到风险资产上来赚取承担风险的风险对价。所以，对于银行来说，对风险的管控是其最根本的任务。风险控制不力不仅会影响银行的盈利能力，更严重的情况下还可能导致银行的破产清算。

6.2.1 银行相关的风险

银行的风险管理体系要管理的风险除了我们熟知的信用风险外，还包括很多其他风险。下面我们就简单列出几种银行管理的相关风险。

信用风险

信用风险是在银行贷款或投资债券过程中发生的一种风险，即借款者违约的风险。信用风险是银行要面对的主要风险。这种风险不只出现在贷款中，也发生在担保、承兑和证券投资等表内、表外业务中。信用风险是平时最容易观察到的风险，也是投资者和银行自身都非常重视的一大类风险。但是在一系列监管机制和抵补机制的严防死守下，现在的信用风险最多就是影响银行的盈利能力，直接导致银行倒闭的概率并不大。反倒是后面几种平时不为投资者关注的风险更容易拖垮一家银行。

市场风险

市场风险实际上是指由利率、汇率、股票、商品等价格变化而导致银行损失的风险。由于我国金融业采取分业经营的方式，所以股票、商品等价格变化和银行经营的相关性较弱。银行主要需要考虑的市场风险就是利率风险和汇率风险。

操作风险

操作风险是指由银行不完善或有问题的内部程序、员工、信息科技系统，以及外部事件所造成损失的风险。震惊世界的巴林银行倒闭案，则充分体现了两种风险。

巴林银行是一家具有百年历史的银行。1995 年，天才操盘手尼克・理森是当时巴林银行新加坡分行的负责人，年仅 28 岁。他在未经授权的情况下，以银行的名义认购了总价 70 亿美元的日本股票指数期货，并以买空的做法在日本期货市场买进了价值 200 亿美元的短期利率债券。但阪神地震后，日本债券市场持续下跌。据不完全统计，巴林银行因此而损失了 10 多亿美元，这一数字已经超过了该行 8.6 亿美元的总价值，因此巴林银行不得不宣布倒闭。

这个案例实际上是综合了两种风险：操作风险和市场风险。首先是尼克・理森违规开了超过银行承担能力的头寸，而巴林银行又没有严格的内控程序防范操作风险。同时，在头寸开出后恰好赶上市场风险爆发，而巴林银行又没有足够的对冲市场风险的手段，最终走向了破产的不归路。

合规风险

合规风险是指银行因没有遵循法律、规则或准则而可能遭受法律制裁、监管处罚、重大财务损失和声誉损失的风险。荷兰安智银行洗钱案就是典型的合规风险案例。

2016 年初，荷兰检察院（NPPS）下属的荷兰财政信息和调查局（FIOD）开展的几项涉及腐败和洗钱的刑事调查显示，嫌疑人在荷兰安智银行（ING Bank Netherlands，ING NL）业务部门持有一个或多个银行账户，进而怀疑 ING NL 违反了荷兰《反洗钱和反恐怖融资法》（AML/CTF ACT）的相关规定，犯有洗钱罪。2018 年 9 月 4 日，NPPS 在其网站宣布，

ING NL 接受并同意支付 7.75 亿欧元罚金（包括 6.75 亿欧元罚款和 1 亿欧元不当收益），就 NPPS 提出的洗钱起诉达成和解。

这是一起典型的合规风险给银行带来巨大损失的案例。ING NL 由于其部分员工和分支机构违反合规监管，最终给银行带来了不可挽回的损失。

从这两个案例中不难看出，对风险的管控对于银行来说是多么重要，任何时候放松了对风险的管理都会给银行埋下隐患。而且，需要提醒各位投资者注意的是，银行本身是一个利润前置、风险后置的行业。资产配置可能马上就会产生收益，但是资产的风险也许需要过很长时间才能反映到损益表上。所以，投资者在分析银行报表的时候不能光盯着利润，还要考虑利润背后潜藏的风险。

流动性风险

流动性风险主要在银行无法应对因负债下降或资产增加而导致的流动性困难时产生。当一家银行缺乏流动性时，它就不能依靠增加负债或以合理的成本迅速变现资产来获得充裕的资金，因而会影响其盈利能力。极端情况下，流动性不足甚至可能导致银行倒闭。关于流动性风险，我们会在 6.2.8 部分详细介绍。

6.2.2 信用风险概述

信用风险即借款者违约的风险，是银行面对的主要风险。为此，银行建立了大量的流程和风控体系来管理信用风险。

信用风险的发生由规律性和非规律性两方面因素交织而产生。所谓规律性因素，主要是指行业或个人执行合约的能力受到经济周期的影响，比如，行业周期造成企业的盈利能力下降，或者经济衰退造成个人收入降低甚至失业。所谓非规律性因素，则是指由企业或个人内在的因素引发的突发性危机，造成偿付能力下降，比如，企业受自然灾害等不可抗力影响，个人突然身故等。正是因为信用风险是由多种因素组合产生的，所以对于信用风险的管控难度极大。

信用风险管理就是银行针对借款人、发债人可能违约的风险进行针对性管理。信用风险的管理贯穿银行业务的全生命周期，从放贷前的评估、风险定价，到贷中的风险转移、风险对冲，最后到出现违约后的资产回收、风险抵补等。通过这一系列的风险管理措施，银行力图将风险的发生概率降低，将发生风险后的影响降至最小。管控信用风险的主要手段包括：

多元化

多元化是指在信贷投放或者资产配置阶段，尽量将投放的行业、地域等进行多元化处理，以避免银行在行业或地域中面临同一个高集中度的非系统性风险。比如，银行在放贷的时候行业和地域之间要相对均衡，前十个最大的贷款客户的贷款余额和银行本金的比例不能太高等。相对来说，全国性银行抵抗风险的能力要强于区域性银行也是这个原因。

风险定价

银行对于潜在风险更大的资产会收取相对比例更高的贷款利率，以期用更高的收益去覆盖部分潜在的风险，这种方法就叫作风险定价。通常银行在放贷前要根据借款人的信用评级、贷款用途等进行定价评估。

收紧投放

所谓收紧投放，指的是银行针对某些风险度较高的特定行业采取不新增贷款，甚至到期不续贷等措施，压低贷款余额。比如，招商银行在 2016 年以后显著压制了对高污染行业，产能过剩的采掘业、钢铁行业和光伏行业的信贷投放力度，如表 6.8 所示。

表 6.8　招商银行 2017 年收紧部分行业投放

	2017 年 12 月 31 日				2016 年 12 月 31 日			
	贷款金额	占总额百分比%	不良贷款金额	不良贷款率%	贷款金额	占总额百分比%	不良贷款金额	不良贷款率%
	（人民币百万元，百分比除外）							
公司贷款	1,663,861	46.67	41,522	2.50	1,566,570	48.03	45,719	2.92

续表

	2017 年 12 月 31 日				2016 年 12 月 31 日			
	贷款金额	占总额百分比%	不良贷款金额	不良贷款率%	贷款金额	占总额百分比%	不良贷款金额	不良贷款率%
	（人民币百万元，百分比除外）							
制造业	266,072	7.46	17,377	6.53	297,442	9.12	18,970	6.38
房地产业	260,991	7.32	3,223	1.23	227,564	6.98	2,292	1.01
交通运输、仓储和邮政业	230,635	6.47	2,241	0.97	193,829	5.94	1,587	0.82
批发和零售业	220,907	6.20	9,121	4.13	228,751	7.01	10,589	4.63
租赁和商务服务业	137,852	3.87	196	0.14	102,469	3.14	129	0.13
电力、热力、燃气及水生产和供应业	128,889	3.62	854	0.66	108,669	3.33	1,088	1.00
金融业	91,579	2.57	20	0.02	80,380	2.46	41	0.05
建筑业	85,370	2.39	1,470	1.72	84,673	2.60	1,671	1.97
信息传输、软件和信息技术服务业	79,368	2.23	1,391	1.75	77,492	2.38	225	0.29
水利、环境和公共设施管理业	44,320	1.24	254	0.57	35,243	1.08	216	0.61
采矿业	43,297	1.21	4,622	10.68	49,479	1.52	8,163	16.50
其他	74,581	2.09	753	1.01	80,579	2.47	748	0.93
票据贴现	115,888	3.25	—	—	154,517	4.74	—	—
零售贷款	1,785,295	50.08	15,871	0.89	1,540,594	47.23	15,402	1.00
客户贷款总额	3,565,044	100.00	57,393	1.61	3,261,681	100.00	61,121	1.87

资料来源：招商银行 2017 年年报。

风险转移或对冲

风险转移或者对冲是银行主动管理信用风险的重要手段，包括信用保险、信用衍生品等方式。如果读者熟悉 2008 年美国次贷危机的始末或者看过以此为背景的电影《大空头》，那么对这两种手段应该不会陌生。其中，“臭名昭著”的债务担保债券（Collateralized Debt Obligation，CDO）就是信用衍生品的一种。卖出 CDO 相当于将贷款的风险和部分收益转移给了债券持有人，这在一定程度上保护了贷款银行。而信用违约互换（Credit Default Swap，CDS）则是一种信用违约掉期（类似于保险）产品，比如你购买了对方的产品，又怕违约，可以找第三方券商去买一个担保，如果你和别人的交易出现违约，那么第三方就要赔你钱，起到一种保险的作用；当然，如果交易方不违约，那么你每隔一段时间就要付给第三方券商一定费用。

但很可惜的是，由于国内衍生品和信用保险的业务还没有大范围开展，所以唯一可用的手段就是资产支持债券（Asset-Backed Security，ABS）。比如很多银行通过发行 ABS 将信用卡贷款等风险偏高的贷款组合成一个分级资产包卖给投资者，这样可以把风险和部分收益一起转移给其他投资者。

除了上述管理信用风险的手段外，银行还制定了一系列信用风险的监控指标和风险发生后的抵补机制，后文将依次介绍相关的内容。

银行业是一个经营风险的行业，而且银行业的业务有显著的利润前置、风险后置的特点，所以，管理风险的能力是优秀银行和平庸银行的一道分水岭。而信用风险作为银行经营中最主要的风险，其管控贯穿银行的整个生命周期。作为投资者，充分理解信用风险的管理、监控和抵补，对于识别银行的优劣意义重大。

6.2.3　信用风险评估体系

对银行业感兴趣的投资者经常会听到很多不同的资产分类体系，包括贷款五级分类体系、逾期重组体系和十二级分类体系等。其中，目前应用最广的是贷款五级分类体系。

贷款五级分类体系

贷款五级分类是指商业银行依据借款人的实际还款能力进行贷款质量的五级分类，即按风险程度将贷款划分为五类：正常、关注、次级、可疑、损失，后三种称为不良贷款。1998 年以前，中国商业银行的贷款分类办法基本上沿袭财政部 1993 年颁布的《金融保险企业财务制度》中的规定，把贷款划分为正常、逾期、呆滞、呆账四种类型，后三种合称为不良贷款，简称“一逾两呆”。但是这种划分办法过于依赖贷款的生命周期，对于不良的确定有一定滞后性。有些企业在贷款还未到期前已经出现了偿付能力的问题，却只能在贷款到期后才能被归为不良。反过来，逾期哪怕只有一天也会被归为不良，有的情况下又过于严格。为了适应经济发展的需求，中国人民银行才在1998年参照国际标准给出了新的贷款五级分类体系。

五级贷款分类不同于原来的四级分类方法，它不严格和贷款周期挂钩，更多的是建立在动态监测的基础上。通过对借款人现金流量、财务实力、抵押品价值等因素的连续监测和分析，判断贷款的实际损失程度。

除了我们常说的贷款五级分类体系外，在银行内部还有一套十二级贷款风险分类体系，这其实是五级分类的一个细化版本。十二级分类的划分为：正常类四级（特优——正常一级，优秀——正常二级，次优——正常三级，优良——正常四级）；关注类三级（一般关注——关注一级，重点关注——关注二级，特别关注——关注三级）；次级类二级（较差——次级一级，差——次级二级）；可疑类二级（很差——可疑一级，极差——可疑二级）；损失类一级。而且在部分银行内部，已经将贷款的十二级分类扩展到了债券评级。

贷款五级分类体系虽然相较于原来的四级分类体系有所进步，但是也存在一定弊端，其中最明显的就是关注类贷款的可操纵空间过大。关注类不属于不良，但是其中的贷款也确实有问题。有些银行通过借新还旧、贷款重组等手段把一些问题贷款长期挂在关注类贷款中，以达到美化报表、逃避减值计提的目的。所以，除了贷款五级分类体系外，投资者还应该关注逾期重组体系。

逾期重组体系

逾期贷款就是指在合同规定的期限内未完全偿还的贷款。虽然逾期贷款不等于不良，但还是有很大的潜藏风险。逾期贷款按照逾期的期限分为逾期 30 天以内、30 天以上、60 天以上、90 天以上、180 天以上、360 天以上等若干档。一般来说，逾期 90 天以上的贷款应归为不良贷款，但是在实际操作中，有些银行以抵押物足以覆盖贷款损失为理由，仅仅将这类贷款归为关注类。

除了逾期贷款外，还有一类贷款称为重组贷款。重组贷款（全称为重组后的贷款）是指银行由于借款人财务状况恶化或无力还款，而对借款合同还款条款作出调整的贷款。银行通常对问题贷款采取的重组措施包括以下内容：贷款展期、借新还旧、还旧借新、减免罚息、本金减值、债转股、追加担保品等。重组贷款的初衷在于通过降低企业的财务成本压力，尽最大努力挽救企业，来换取企业部分或全额归还本息，以达到双赢的目的。但是，“好经”也会“念歪”，有些银行通过重组贷款不断借新还旧，以达到规避贷款被划为不良的目的。所以，投资者需要关注重组贷款的占比，如果某家银行的重组贷款占比长期高于行业均值，就需要提高警惕。

新办法的相关规定

虽然银行有种种操作办法来粉饰资产质量，但是随着银保监会在 2019 年 4 月 30 日新公布《商业银行金融资产风险分类暂行办法（征求意见稿）》（以下简称“新办法”）后，这些漏洞很多被堵上了。比如，新办法规定：

（1）本金、利息或收益逾期（含展期后）超过 90 天应归为次级类，超过 270 天应归为可疑类，超过 360 天应归为损失类。

（2）商业银行应对重组资产设置重组观察期。观察期自合同调整后约定的第一次还款日开始计算，应至少包含连续两个还款期，并不得低于 1 年。重组前为次级类、可疑类或损失类的，重组观察期内不得上调分类，资产质量持续恶化的应进一步下调分类，并重新计算观察期。

除此以外，在新办法中规定将原有的贷款五级分类体系和十二级分类体系拓展到包括但不限于贷款、债券和其他投资、同业资产、应收款项等资产项目。表外项目中承担信用风险的，应比照表内资产相关要求开展风险分类。所以，从新办法实施开始，原有的贷款五级分类体系和十二级分类体系正式升级为信用资产风险分级评估体系。

6.2.4 不良贷款的生命周期

上一部分介绍了银行的信用风险评估体系，本部分重点关注不良贷款的生命周期和其中涉及的一些基础概念。只有理解了不良贷款的生命周期，才能知道后面介绍的评估指标如何使用。

不良贷款是如何产生的?

对于银行来说，主要业务就是将吸收的负债或者自有资本配置到资产中去，这些资产包括贷款、债券、同业资产、非标资产等，其中贷款占据银行资产的一半以上。只要是资产，就存在违约风险，一旦出现违约，那么对于银行来说就产生了不良资产。由于银行主要的“不良”来自贷款，所以投资者只要盯住贷款的“不良”就可以掌握银行资产质量的大概情况。

在银行放贷后，客户需要按月偿还利息（或者利息 + 部分本金）。一旦客户不能按期偿还，这些贷款的状态就会进入逾期，银行就会按照上一部分中介绍的风险评估体系，根据客户的实际情况，对客户的贷款进行分类。

在日常营运中，针对贷款，银行需要从营业利润中计提贷款风险减值损失并注入贷款减值准备池。这一动作是银行风险管控的一个重要环节——风险抵补。风险抵补的作用就是“以丰补歉”。由于银行的经营有非常明显的利润前置、风险后置特征，所以，赚取的利润必须保留一定比例的减值计提以应对未来的风险。关于风险抵补的更多内容在后面的章节会有所涉及。

当贷款成为“不良”后，银行可以采取多种手段进行处理，包括内部催收、外部催收、不良资产证券化等。当某笔贷款经过努力确实无法收回本息的时候，银行可以动用贷款减值准备池中的减值准备对不良资产进行核销，核销后不良贷款余额和资产减值准备余额同时减少，对应不良资产的余额。当然，核销后如果这部分资产又收回了部分本息，还可以把钱再冲回资产减值准备池。

不良贷款的动态演变

通过前面的描述，可以看到整个不良贷款的产生有 4 个“池子”和 3 个主要的过程。4 个池子分别是池子 1：全部贷款；池子 2：不良贷款；池子 3：贷款减值准备；池子 4：减值前利润。3 个主要过程是过程 1：新生成不良贷款（贷款从池子 1 流向池子 2）；过程 2：计提资产减值损失（资金从池子 4 流向池子 3）；过程 3：核销不良贷款（资金从池子 3 流出，冲销池子 2 中的不良资产）。其作用过程如图 6. 1 所示。

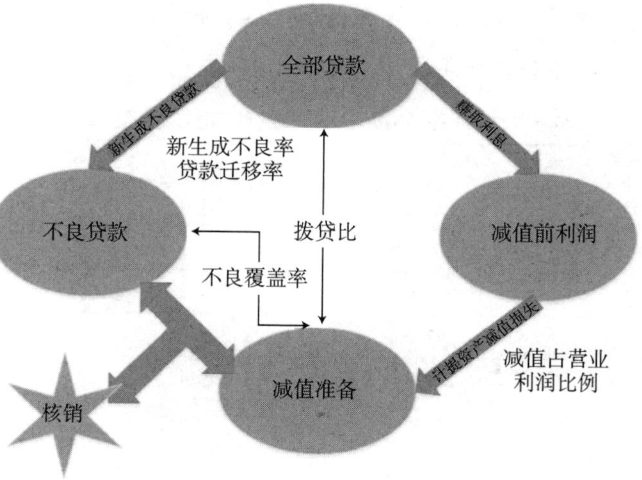

图 6. 1　不良贷款产生的过程

不良贷款是一个动态的池子，我们在财报里看到的不良贷款余额其实是动态池子的一个状态“快照”。真实的情况是，不良贷款的池子每时每刻都会有新的不良贷款流入，而同时银行也会用各种手段去处理不良贷款（主要是核销），这种状态有点像奥数题中开着进水口和出水口给游泳池放水。所以，我们看到的不良贷款余额增加或减少其实是新生成不良贷款和核销处理做差后的余额。“不良”的池子不停有新增不良贷款流入，为了不溢出（不出现不良爆发），必须进行大比例核销，而大比例核销就会消耗另外一个池子——资产减值准备里面的“水”。这时候如果不用计提减值损失往资产减值准备池子里“补水”，这个池子很快就会见底（不良覆盖率不达标）。

重要且易被忽视的指标：新生成不良率

在图 6.1 中所有的过程和指标，最容易被人忽略、但又最重要的指标是新生成不良率。新生成不良率 = 新生成不良贷款 ÷ 贷款总额。这个指标反映了在一段时间内有多少比例的贷款从池子 1 流向池子 2，这是最重要的原生指标。而不良率实际上是经过核销、催收等手段修饰过的余额比率，其中很多信息有所缺失。以平安银行为例，该行一直走所谓的高利率覆盖高风险的路子，在追求高速扩张的同时放松了风险控制，从 2015 年开始连续 3 年的不良贷款相关数据如表 6.9 所示。

表 6.9　2015—2017 年平安银行不良贷款相关数据

项目	2015 年	2016 年	2017 年
不良余额（亿元）	176.45	257.02	289.97
贷款总额（亿元）	12161.38	14758.01	17042.3
减值损失（亿元）	294.61	454.35	408.03
减值准备（亿元）	292.66	399.32	438.1
核销金额（亿元）	235.83	299.47	392.03
不良率（%）	1.45	1.74	1.70
不良覆盖率（%）	165.86	155.37	151.08
拨贷比（%）	2.41	2.71	2.57

平安银行的净息差名列前茅，但是贷款的信用成本高达 2.39% ~ 3.08%。如果算上信用成本，信贷业务基本上是赔钱的。虽然该银行的不良率并不高，但是其不良覆盖率、拨贷比等多个监控指标一直在监管线上徘徊。整个银行呈现典型的“增收不增利”，不但无力给投资者大额分红，还要经常进行再融资，堪称价值毁灭的典范。

6.2.5　信用风险评估指标

6.2.3 部分介绍了银行信用风险评估的体系，而这些体系在具体应用中会有一系列相关的评估指标。通过这些评估指标，投资者可以定量地评估银行的资产质量。这些指标包括：不良贷款率（简称不良率）、广义不良率、逾期 90 天以上占比、不良偏离度、贷款迁移率、新增不良率等。

不良贷款率

不良率是银行评估资产质量的入门指标，计算公式为：不良率 = 不良贷款余额 ÷ 贷款总额。不良率是所有银行都会披露的最基础的信用风险数据。这个数据是对不良贷款池子的一个“快照”，可以在一定程度上体现一家银行在多个年份内的不良变化情况，也可以用于不同银行之间比较不良趋势，如图 6.2 所示。

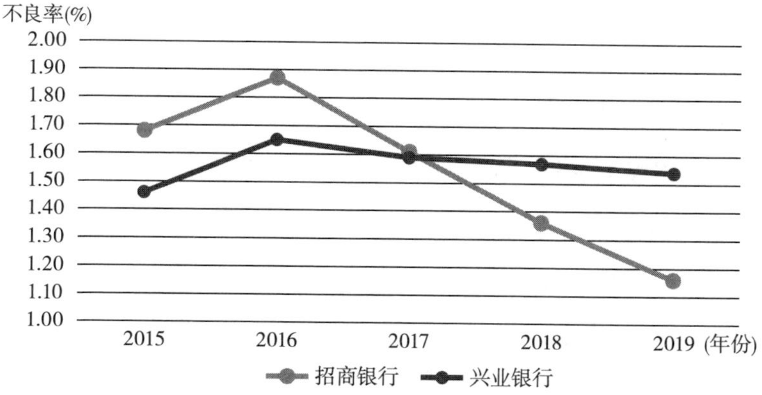

图 6.2　2015—2019 年两家银行不良率趋势比较

从图 6.2 可以看出，无论是招商银行还是兴业银行，其不良率的高点都在 2016 年形成，其后都呈下行趋势。区别是招行下降得更快，而兴业银行下降得慢。所以，我们可以得出的结论是：这两家银行的资产质量在 2016 年之后是在逐步改善的。但是，仅拿 2017 年的时点数据看，兴业银行的不良率还低于招商银行。这个时候，我们是不能得出兴业银行的资产质量好于招商银行这个结论的。因为不良率这个数据不是原生数据，而是经过银行修饰后的数据（参考6.2.4部分）。所以，想要评判不同银行之间的资产质量水平，还需要依赖其他指标。

广义不良率并不是一个通用的标准，实际上这是笔者本人常用的指标，广义不良率 = 不良率 + 关注率。使用广义不良率的一个重要原因是银行喜欢把一些有问题的资产长期认定为关注类贷款，这样就可以避免财报中不良率和不良覆盖率等指标超标。所以，长期以来资深的银行股投资者喜欢把关注类贷款作为潜在风险的池子。不良率相差不大的两家银行，通过比较广义不良率就可以分辨出优劣。比如图6.2中的招商银行和兴业银行，其2017年的不良率分别为：招商银行1.61%，兴业银行1.59%，看起来相差不大。但是如果比较广义不良率就会发现差别：招商银行的广义不良率是3.21%，而兴业银行的广义不良率则为3.9%。结合上一指标比较，虽然在2017年兴业银行的不良率低于招商银行，但根据其广义不良率反映的情况，其实际的资产质量水平可能不比招商银行好，甚至可能更差。

逾期90天以上贷款占比

逾期90天以上贷款占比，这个指标是对不良资产的另一个观察角度。在6.2.3部分中已经介绍过，逾期贷款评估体系是和贷款五级分类体系并行的一套体系。逾期超过90天，说明借款人的债务偿付能力已经出现了非常严重的问题。如果逾期90天以上贷款占比太高，说明银行贷款的资产质量堪忧。逾期90天以上贷款占比 = 逾期90天以上的贷款余额 ÷ 贷款总额。

不良偏离度

不良偏离度，这一指标其实是最近几年才开始为大家所重视。不良偏离度 = 逾期90天贷款占比 ÷ 不良率 = 逾期90天以上贷款余额 ÷ 不良贷款余额。不良偏离度就是看银行的不良认定是否严格。在2018年之前，由于监管机构没有对逾期贷款和贷款五级分类之间建立强制性的认定规则，结果造成一些银行将逾期90天以上的贷款长期认定为关注贷款，逃避相应的指标监管。对于这类不良认定标准偏松的银行，其不良偏离度会大于

100%。2019年4月30日公布了新的《商业银行金融资产风险分类暂行办法（征求意见稿)》（以下简称“新办法”）后，主要的上市银行基本上已经将不良偏离度压降到100%以下。但是，不良偏离度依然可以作为一个银行不良认定是否严格的辅助指标。我们以民生银行为例，2017年民生银行的不良率为1.71%，同年招行的不良率1.61%，表面看相差不大。但是，如果投资者看一下不良偏离度，就会发现巨大的差异：民生银行不良偏离度高达135.1%，而同期招商银行的不良偏离度只有79.5%。

贷款迁徙率

贷款迁徙率，这不是一个指标，而是一个指标“家族”，主要有正常贷款迁徙率（包含正常类贷款迁徙率、关注类贷款迁徙率)、不良贷款迁徙率（包含次级类贷款迁徙率、可疑类贷款迁徙率)，这一指标家族展现了贷款在不同分类之间迁徙的比例。平时我们最关注的是正常类贷款迁徙率。

正常类贷款迁徙率=期初正常类贷款向下迁徙金额÷（期初正常类贷款余额-期初正常类贷款期间减少金额）×100%

这个指标从一个侧面说明在报告期内有多少贷款从正常类转移到了其他4类。

新生成不良率

新生成不良率，这一指标是银行评估资产质量的原生指标，没有经过任何人为修正和调节。其定义在上一部分中已经给出，这里就不再赘述了。但是，令人非常遗憾的是，这么完美的指标多数银行是不在报告中披露的，目前只有招商银行和平安银行主动披露这一指标的数值。虽然银行不主动披露，但是我们可以根据图6.1得到新生成不良率的下限：不良余额增量=新生成不良-核销-其他手段处理不良的余额。所以，新生成不良的下限=不良余额增量+核销。

如何分析银行的资产质量：以兴业银行为例

分析银行资产质量，关键是理解6.2.4部分中提出的不良贷款生命周期。光看单个指标其实很难准确地判断银行的资产质量，必须结合多个指标和4个池子的动态关系来分析银行的真实资产质量。有的时候不良暴露的意愿除了受资产质量变化的影响外，还受银行营收的影响。如果银行今年赚不到很多钱，那么自然就无法计提足够的减值去处理不良资产，银行在这种情况下就会降低不良资产的暴露速度。举个例子，以兴业银行为例，2016—2019年其贷款不良率一直表现得中规中矩，但是它在2017年的不良的暴露程度显然受到了当年营收负增长的影响。说白了就是资产质量在恶化，但是挣不到足够多的钱去处理，结果只好把不良资产暂时存储在关注和重组里面。所以，虽然财报中不良率和新生成不良率都不高，但是当年的资产质量其实是不乐观的。随着2018年企业度过经营困难期，兴业银行开始大幅减值计提+暴露不良，这个时候我们作为投资者反而不需要太悲观了，数据参考表6.10。

表6.10　2016—2019年兴业银行不良资产情况

项目	2016年	2017年	2018年	2019年
不良余额（亿元）	344.16	386.54	461.4	530.22
逾期90天以上（亿元）	270.75	247.82	363.96	417
核销金额（亿元）	288.47	215.29	280.98	365.26
贷款总额（亿元）	20798.14	24306.95	29340.82	33451.8
不良增量+核销（亿元）	372.8	257.67	355.84	434
比率①（%）	1.79	1.06	1.21	1.30

注：①为（不良增量+核销）占贷款总额的比值。

6.2.6　信用风险的抵补机制

前面几部分我们已经了解了信用风险的评估体系、不良贷款的生命周期和信用风险的评估指标，这些内容基本已经涵盖了风险监控和评估的内容，但是风险控制不仅仅包含监管，还包含风险抵补。所谓风险抵补，就是银行在正常经营的情况下每年需要从税前利润中抽取一定比例的风险准备金（信用减值损失），用以处理未来产生的不良资产。本书一直在强调：银行是一个利润前置、风险后置的行业，未雨绸缪是银行稳健经营的优秀品质。所以，投资者在评估银行优劣的时候不要只盯着净利润增速看，还要考察银行的风险抵补是否充足。

银行的风险抵补机制主要包括信用风险损失计提和不良资产核销两部分，对应的指标包括：不良贷款拨备覆盖率、拨贷比、风险加权资产减值准备率等。其中风险加权资产减值准备率是笔者自己创造的指标。

不良贷款拨备覆盖率与拨贷比

不良贷款拨备覆盖率（以下简称不良覆盖率）是衡量商业银行贷款损失准备金计提是否充足的一个重要指标。其计算方法为：不良覆盖率 =（贷款减值准备余额 ÷ 不良贷款余额）×100%。其中贷款减值准备余额 = 一般准备 + 专项准备 + 特种准备。

根据我国《银行贷款损失准备计提指引》规定，银行应按一定比例按季计提一般准备贷款减值。计提一般准备的标准为：正常贷款计提比例为1%；关注类贷款计提比例为2%；对于次级类贷款，计提比例为25%；对于可疑类贷款，计提比例为50%；对于损失类贷款，计提比例为100%。

特种准备则由银行根据不同类别贷款的特种风险情况、风险损失概率及历史经验，自行确定按季计提比例。按照银保监会目前给出的不良覆盖率要求，原则上银行的不良覆盖率应该高于150%。但是，鉴于最近几年经济处于下行周期，银保监会降低了该指标的下限到120%。

拨贷比是指拨备占总贷款的比率，计算公式为：拨贷比 = 拨备余额 ÷ 贷款总额。拨贷比是贷款损失准备与贷款总额的比值，而不良率则为不良贷款与贷款总额的比值，拨备覆盖率为拨备与不良贷款的比值。三者之间存在着“拨贷比 = 拨备覆盖率 × 不良贷款率”的关系。

但是上述两个指标都存在明显的不足。首先说共同的缺点，就是这两项指标都是针对贷款的。如果你观察银行的财报会发现，银行的资产减值准备中90%是针对贷款资产的。但是实际上银行的贷款占资产的比例多数都不到70%，剩下30%～50%的资产是同业资产、应收投资等。诚然，这些资产中确实包含很多基本无风险的资产，如国债、货币基金等，但是也不乏兴业银行这样在应收投资中放了八九千亿元类贷款的银行。那么，如果单单用衡量贷款减值准备这两个指标来评估风险抵补，显然有失公允。

除去共同的缺点外，不良贷款覆盖率和拨贷比即使只针对贷款，也不是两个完美的指标。这是因为，这两者对于银行风险识别的能力采用了两种极端的态度：完全认可和完全不认可。众所周知，在中国现行的贷款五级分类制度中，最大的干扰项就是关注贷款。很多银行会把无力处理的不良贷款暂时堆放在关注贷款中。这个从不同银行的不良偏离度指标中可以清楚地看到——有的银行低于 80%，有的银行则曾高达 180%，这充分证明不良的认定标准是偏主观的。所以，不良贷款覆盖率中，贷款减值准备是一个客观值，而不良贷款余额是一个主观值，使不良贷款覆盖率这一指标受主观影响较大。与之相反的是，拨贷比这个指标又完全忽略了不同性质贷款产生不良的概率有显著的差异，比如同样是贷款，按揭贷款的不良率会显著低于对公贷款。如果用拨贷比去衡量银行应对风险的能力，对于从事低风险贷款的银行显然也是不公平的。

风险加权资产减值准备率

笔者一直在思考，到底用什么指标才能完美衡量银行的风险应对能力？最终，我找到了风险加权资产减值准备率。风险加权资产减值准备率＝资产减值准备 ÷ 风险加权资产。风险加权资产是指对银行的资产加以分类，根据不同类别资产的风险性质确定不同的风险系数，以这种风险系数为权重求得的资产。一般来说，风险系数越高的资产，其发生风险的概率越大，但同时其收益也越高；风险系数越低，其风险发生的概率越小，同时其收益也越低。所以，这一指标和原来的指标相比有显著的优势：首先，风险加权资产覆盖了资产负债表里所有的资产，没有遗漏。其次，用风险加权资产做分母充分考虑了各类资产风险的差异。这个指标越大，说明银行的风险抵补能力就越强；数值越小，说明银行的减值准备不够充分，未来需要计提更多的减值来抵御风险。

下面我们就来举例说明一下风险加权资产减值准备率的运用。首先，笔者选择了比较有代表性的四大国有行、四大股份行和零售领域的新秀平安银行作为考察对象，并选择了 2016 年年报、2017 年年报和 2018 年年报 3 个时点进行评估，获得的数据如表 6.11 所示。可以看到，在几家大中型银行中，招行的风险抵补表现最好，连续 3 年排名第一，且其风险加权资产减值准备率在不断提升；国有大行中，虽然农行数据表现较好，但是最近 3 年是基本持平的，而建行的数值是在稳步上升的。

表 6.11　2016—2018 年几家大中型银行风险加权资产减值准备率的比较

银行	2016 年			2017 年			2018 年		
	资产减值准备（亿元）	风险加权资产（亿元）	风险加权资产减值准备率（%）	资产减值准备（亿元）	风险加权资产（亿元）	风险加权资产减值准备率（%）	资产减值准备（亿元）	风险加权资产（亿元）	风险加权资产减值准备率（%）
工商银行	3078.5	145646.2	2.11	3458.24	159028	2.17	3874.9	171909.92	2.25
农业银行	4166	118565.3	3.51	4250.22	126055.8	3.37	4879.5	137128.94	3.56
中国银行	2551.29	112695.9	2.26	2725.1	121577.7	2.24	3415.62	128415.26	2.66
建设银行	2836.37	119377.7	2.38	3455.86	129199.8	2.67	4294.66	136594.97	3.14
招商银行	1208.91	32099.8	3.77	1599.61	32918.16	4.86	2073.14	35304.24	5.87
浦发银行	989.37	38477.4	2.57	1028.93	40844.99	2.52	1185.15	43118.86	2.75
民生银行	790.49	41454.47	1.91	987.44	43402.62	2.28	1243.16	46562.86	2.67
兴业银行	934.65	38027.34	2.46	1066.56	43172.63	2.47	1221.27	47343.15	2.58
平安银行	425.92	20337.15	2.09	483.2	22261.12	2.17	634.16	23402.36	2.71
平均值			2.54			2.71			3.00

6.2.7　综合分析信用风险信息

前文分别阐述了信用风险评估体系、不良贷款的生命周期、信用风险的评估指标以及信用风险抵补机制。大家可能发现了，银行的信用风险分析要比想象中难得多，很难用单一指标准确判断银行的资产质量和信用风险。

让我们来换个思路、换位思考：假设你是银行行长，你手里的牌就是营收数据和不良新生成数据，而你要面对董事会和监管机构的双重审核，你怎么把手里的牌打好？董事会和股东当然期望银行的利润增长，而监管机构的要求是监管指标必须达标，而你如果打算长期干下去，就要给自己未来两年的业绩增长预留后手，况且社会舆论也不希望在经济下行阶段看到银行的利润高增长。你要面对的不是一个指标，而是一堆指标：净利润增长率、分红率、不良贷款率、拨贷比、不良覆盖率、不良偏离度……

一个高明的牌手需要的能力就是在有好牌的时候不张扬，拿到烂牌的时候也不气馁，需要最大限度地让自己输得不那么难看。很显然，能够坐上银行行长位置的都不是泛泛之辈。“牌”都打不好，位子不如换别人来坐。下面，我们就看看面对不同的“牌”，高明的“牌手”是如何应对的。

情形1：一手好牌

假如你所掌管的银行，营收表现非常好，其中大量的收入来自手续费等和风险资产关联不大的部分。而资产质量由于经济转型确实出现了一些问题，新生成不良有点偏高，但是总体上还是可控的。那么，拿到这么一手“好牌”，高明的“牌手”该怎么做呢？

第一步：首先要做的肯定是加大信用减值计提，加大不良资产暴露，加大核销。在整个行业不景气的时候，大家的资产质量都不好，这时候加大暴露不良并不会引起投资者和监管机构的非议。由于有足够的营收支持，所有的监管指标都不会失控，这样做又为后面几年奠定了基础。第二步：当存量不良处理完毕后，下面要做的就是稳住减值规模，逐步通过核销压低不良率，大幅提高风险抵补的厚度，让净利润增速缓慢提升。这么做的好处是一方面能够平滑利润，不做“出头鸟”；另一方面又为以后潜在的风险留够了“余粮”。至于第三步，就要看后续行业的发展，一旦行业走出泥潭，就可以降低减值力度、抬升净利润增速，以换取股东的支持。

可以看到，我们是否拿到了一手“好牌”，关键在于营收是否能提供足够的支撑。所以，看到不良新生成较高不用恐慌，还要结合营收情况，看看是属于银行主动暴露还是被动暴露。

情形 2：手里的牌好坏参半

假如你所掌管的银行，要么营收不行，要么资产质量很差。在这种情况下，可能首先要牺牲的是净利润增速或者分红率。营收不行或者资产质量不行，但还要美化财报，这种情况是不可持续的。当然，脸面还是要的，不能搞成负增长。对于营收不行的，银行首先要做的就是减缓不良暴露的速度，把更多的不良放在关注贷款和重组贷款里。因为暴露了不良不处理，不良率就会出问题；如果处理了没有营收支撑，不良覆盖率和拨贷比都会出问题。而对于资产质量很差的，银行要做的就是拼命地核销。因为假如有营收支持，不良覆盖率和拨贷比都可以挺住，但是如果资产质量存在硬伤，那么瞒是瞒不住的，只能加快处理，保住不良率。所以，可以看到并非不良率好就没问题，不良率要结合新生成不良率、营收情况等一起考察。

情形 3：手里一把烂牌

最后一种情况最糟糕，营收也不行，资产质量也不行。这个“牌”就非常难打了，不良肯定不能暴露，全都藏着，只要不良率能勉强看得过去就行了，拨贷比和不良覆盖率能过最低限就行。至于不良偏离度就顾不上了，“布料”就这么多，顾得了“头”就顾不了“脚”，反正看财报的人注意不良偏离度的不多。

通过以上的分析我们可以看到，不同的情形应对的策略也不同。但是，纸里包不住火，即使再高明的手段，财报都会露出马脚，关键是投资者如何去发现这些异常。说起来很简单，但是做起来并不容易：就是反复进行纵向和横向比较。所谓纵向比较，就是同一家银行多年数据之间的比较，通过同比、环比的信息，发现银行变好或变坏的趋势；而横向对比就是比较某家银行和整个行业的平均情况。无论是纵向对比还是横向对比，都需要做大量细致的数据收集和分析工作。“纸上得来终觉浅，绝知此事要躬行。”

6.2.8 流动性风险

信用风险是银行日常经营中最主要的风险，信用风险是否能被有效地识别、定价和处理，决定了银行的盈利能力。但是，通常来讲，信用风险对银行并不是最致命的风险，真正“要银行命”的反而是那些平时投资者不太注意的风险，比如流动性风险。

“要命”的流动性风险

比较著名的因流动性风险造成银行破产的案例，就是2007年次贷危机中的北岩银行。北岩银行是英国主要的住房按揭银行之一，其业务模式是向客户提供各种各样的贷款，这些贷款可以有抵押，也可以没有抵押。表面上看，北岩银行的业务比较保守，风险并不高。但是，由于其流动性风险管理的问题，最终致使这家英国第五大抵押贷款银行破产。

北岩银行2006年末向消费者发放的贷款占其总资产的85.5%，而流动性资产只占14.14%，特别是安全性最高的现金和央行存款合计只有1%。负债方面，同业债务工具占比高达63.65%，而存款只有5%。在次贷危机发生前，北岩的业务模式受益于流动性充裕带来的低成本同业资金。但是，次贷危机发生后，全球去杠杆，流动性稀缺，同业资金成本大幅飙升。北岩银行由于流动性头寸不足以应对其到期债务，不得不向英国央行求援。消息传出，加剧了投资者和储户的恐慌情绪，从而引发了英国近140年来的首次银行挤兑。最终，挤兑引发的流动性危机致使北岩银行破产。

从上面的案例中我们可以看到，流动性风险属于那种不发生则已、一发生就“要命”的风险。那么究竟什么是流动性风险呢？2009年银监会印发的《商业银行流动性风险管理指引》中将流动性风险定义为：指商业银行虽然有清偿能力，但无法及时获得充足资金或无法以合理成本及时获得充足资金以应对资产增长或支付到期债务的风险。

何以引发流动性风险？

引发流动性风险的原因很复杂，最常见的情况是某大客户或某大类资产的集中违约或者是银行的期限错配出现问题。第一种情况出现的原因在于银行的负债具有刚性兑付特性，所以如果资产出现大规模违约，很可能造成银行没有足够的流动性头寸来应付到期负债，以致出现挤兑。

第二种情况是期限错配过于严重造成的。其实，准确地说，期限错配是银行利润的重要来源。所谓期限错配，就是银行将短期负债拿去配置了长期资产。通常来讲，负债和资产的久期越短，利率越低；而久期越长则利率越高。银行的最佳策略就是多吸纳短期负债，然后配置到长期资产中去，这样可以提升银行的净息差。可以说基本所有的银行都存在期限错配，只是看情况是否严重。但是，相对来说同业资金对金融市场的风险更敏感，更容易带来银行流动性的波动。所以和存款相比，同业负债的风险相对更高。

以前面列举的北岩银行为例，它从事的房贷业务绝大多数属于超长周期的贷款，也就是说它的资产负债表上多数资产的久期是非常长的，多数超过 10 年。北岩银行每月只能从客户那里收回应偿还的按揭利息和每月应还的本金，无法要求客户提前偿还债务。而它的负债绝大多数是从银行间市场拆借的同业资金，这些资金通常久期非常短，只有不到 1 年。所以，实际上它需要每月从同业市场拆借新的资金来偿还到期的债务。在同业市场流动性充裕的时候，这种业务模式完全没有问题，同业拆借的短期资金利率低，长期按揭利率高，北岩银行从中可以赚取丰厚的净息差。但是，当 2007 年次贷危机爆发后，市场流动性骤然收紧，北岩银行无法从同业市场拆借到资金用于偿还到期债务，于是资金链断裂、流动性风险爆发。

流动性风险的预防

从上面的分析可以看出，要想降低流动性风险，需要从两方面着手：第一，通过限制贷款行业、地域集中度和控制信用风险来避免大类资产集中违约造成的流动性风险；第二，通过降低期限错配防止第二种情况产生的流动性风险。落地到实践中，我国央行和银保监会最近两年一直在限制银行的期限错配，除了限定同业负债比例不可超过1/3以外，银保监会还推出了净稳定资金比例。

净稳定资金比例旨在确保商业银行具有充足的稳定资金来源，以满足各类资产和表外风险敞口对稳定资金的需求。其计算公式为：净稳定资金比例 =（可用的稳定资金 ÷ 所需的稳定资金）×100%。简单地说，这个比例就是银保监会为了防止银行出现流动性危机而设定的“闸门”，限定银行系统中过度的期限错配，将银行发生流动性风险的概率大大降低。

那么这个指标又是如何影响银行的资产负债配置行为的呢？其中的关键就在于对“可用的稳定资金”和“所需的稳定资金”的定义。“可用的稳定资金”并不直接等于负债，而是银行负债的加权求和，其权重定义的不同造成了银行的最近增加负债中存款的占比不同。由于里面分类较细，就不全列出了，我们选择一部分和银行关系比较大的列出，如表6.12所示。

表6.12 部分“可用的稳定资金”折算比例

项目描述	折算系数
有效剩余期限在1年及以上的所有有担保和无担保借款和负债，包括定期存款	100%
来自零售和小企业客户的稳定存款，包括无确定到期日（活期）存款和剩余期限小于1年的定期存款	95%
来自零售和小企业客户的欠稳定存款，包括无确定到期日（活期）存款和剩余期限小于1年的定期存款	90%
业务关系存款	50%
剩余期限在6个月到1年的其他有担保和无担保融资，包括中央银行和金融机构提供的剩余期限在6个月到1年的融资	50%
以上所列之外的其他负债和权益，包括中央银行和金融机构提供的剩余期限在6个月以内的融资	0%

从表6.12中可以看出，定期存款、零售存款、小企业存款的折算比例是比较高的；而大企业短期存款、同业拆借、6个月—1年的同业存单折算比例只有50%；6个月以内的同业融资折算比例为0%。

“所需的稳定资金”对应的折算比例如表 6.13 所示。可以看出，同业资产配置中常用的向金融机构发放的长期贷款被定为 100% 折算比例；而低风险的贷款、按揭等则有 65% 的折算比例；小微、零售贷款的折算比例只有 50%；更低折算比例的资产基本属于收益率非常低的资产。简而言之，想多挣钱还不想所需稳定资金太高，银行就要少做同业通道贷款，多做按揭、小微、零售和普通贷款。

表 6.13　部分“所需的稳定资金”折算比例

项目描述	折算系数
现金，存放于中央银行的准备金（包括法定准备金和超额准备金），剩余期限小于 6 个月的对中央银行的债权等	0%
向金融机构发放的剩余期限小于 6 个月的无变现障碍贷款［由一级资产担保并且银行能在贷款期限内将担保物自由地再抵（质）押］	10%
向金融机构发放的其他剩余期限小于 6 个月的其他无变现障碍贷款，不包括已纳入 10% 所需稳定资金系数类别的贷款	15%
向金融机构和中央银行发放的剩余期限为 6 个月到 1 年的贷款，存放在其他金融机构的业务关系存款（且接收存款方对该业务关系存款适用 50% 的可用稳定资金系数），其他剩余期限小于 1 年的非合格优质流动性资产，包括向非金融机构客户、零售和小企业客户、主权、公共部门实体、多边和国家开发银行发放的贷款	50%
剩余期限在 1 年及以上、在信用风险标准法下风险权重不高于 35% 的其他无变现障碍贷款和按揭，但不包括向金融机构发放的贷款	65%
剩余期限 1 年及以上、信用风险标准法下风险权重超过 35% 的无变现障碍的未逾期或逾期未超过 90 天的贷款，但不包括向金融机构发放的贷款，不符合合格优质流动性资产标准、剩余期限 1 年及以上的未违约的无变现障碍证券和在交易所交易的权益类证券	85%
以上所列之外的所有其他资产，包括逾期超过 90 天的贷款、向金融机构发放的剩余期限 1 年及以上的贷款	100%

6.3 周期性

一直以来，对于银行究竟是属于强周期性行业还是弱周期性行业，投资领域一直有所争论。认为银行属于强周期行业的投资者，他们的主要依据是银行的盈利能力和资产质量与经济发展息息相关，而且银行本身又是一个高杠杆的行业，杠杆大幅放大了银行业的波动性。而那些认为银行属于弱周期行业的投资者，他们的主要依据则包括：资产质量和宏观经济虽然正相关，但并非线性关系，宏观经济调控和银行自身的调节机制可以在一定程度上削弱银行业绩的周期性。

首先，笔者想给出一个明确态度：银行业本身是一个顺周期的行业，但并不是一个强周期的行业。中国的银行业目前处在一个以中国经济腾飞为大背景的超长景气周期内，在此背景下，银行的周期性被政府宏观调控的手段削弱。但是，长时间处于景气周期也会给国内银行体系埋下隐藏的风险。

6.3.1 银行具有周期性的原因

银行的周期性是由多方因素共同造成的，有内因也有外因，所以银行业的周期性是不可能被完全避免的，只能被弱化。

内因

(1) 银行的信贷投放具有顺周期倾向。

在经济景气周期内，企业情绪相对乐观，风险承受意愿也较强，愿意通过信贷进行投资，扩大生产。这就会造成市场上对贷款的需求扩张，贷款的价格（贷款利率）上升。从银行的角度看，经济景气，银行对于企业的判断更乐观，企业的贷款申请更容易被批准；而在经济衰退期，企业更谨慎，收缩战线，信贷需求随之降低，随之贷款利率下行，银行对于信贷申请的批准也更严格。

（2）银行的信用风险具有顺周期倾向。

影响银行盈利的除了收入外，还有一个重要的变量，就是信用减值损失。在经济景气的时候，企业的信贷质量较好，银行的不良率低，按照现行的会计准则，信用减值损失必然会下降。反之，在经济衰退期，企业的盈利能力下降，偿还贷款能力也下降，银行的不良率就会攀升，不得不计提更多的减值以处理不良资产。

（3）银行的抵押品价格具有顺周期倾向。

经济的繁荣与否直接影响资产价格的水准。在经济上行阶段，银行对贷款收取的抵押品价值也随之水涨船高；但是一旦出现经济危机，抵押品的价格可能会一落千丈，最严重的时候可能造成抵押品不足以覆盖贷款的违约风险。

外因

除了银行自身的内部因素造成的顺周期特性外，还有一些外部因素也加剧了银行的顺周期特性，这些外部因素包括两方面。

第一，监管因素引起。

在《巴塞尔协议Ⅱ》中，作为限制银行风险的“核心资本充足率”指标，实际上在一定程度上加剧了银行的顺周期特性。在经济衰退期，银行的净利润增速降低甚至为负，银行内生性资本补充能力下降。同时，在经济衰退期，市场对于银行的估值也压制了银行通过其他途径增加资本的可能性，最终会造成银行信贷投放能力的下降；而在经济繁荣期，情况恰恰相反，银行的资本累积更快，信贷投放能力更强。

第二，会计准则引起。

最新实施的银行会计准则引入了公允价值作为评估资产价值的标准。在金融市场相对平稳的情况下，新的会计准则可以更真实、公允地反映企业的经营成果。然而，当市场处于极端条件下，以公允价值计量且其变动计入当期损益的资产会严重强化银行的顺周期性。在市场乐观期，资产价格随之泡沫化，为银行创造当期的超额利润；反之，在市场恐慌期，这会给银行带来额外的损失。

由此可见，银行的周期性是由内部因素和外部因素共同作用的结果。银行如果想要弱化其周期性，势必从内外共同下手。

6.3.2 如何弱化银行的周期性

顺周期性是由银行和经济发展的客观规律决定的，是不可能完全被消除的，但是通过一定的手段可以减弱银行业周期性的影响。银行业的周期性本身如果不加以控制，可能会出现包括资源错配、破坏金融秩序等负面作用，所以，各国的金融监管机构和银行自身都在用一些手段来弱化周期性。

调节内因的手段

（1）风险抵补机制。风险抵补机制就是银行从每年的营收中提取一定比例的风险减值准备金，纳入风险减值准备池。这样，未来一旦发生资产信用风险，可以用风险减值准备池中的资金冲抵发生风险的资产。本质上，风险抵补就是通过在经济繁荣期抽取当期利润，到经济衰退期的时候填补风险损失。所以，风险抵补机制本身也是银行一种重要的调节利润手段。利用风险抵补，银行可以在经济周期中实现一定程度的“以丰补歉”。

这里有一个问题，也是刚接触银行股的投资者常问的问题：银行为什么要计提那么多拨备？如果能少提几十亿元，当年的业绩增速就能提高几个百分点。还有些投资者很喜欢幻想多提的拨备有朝一日可以“反哺”利润。我奉劝大家还是打消这个念头。银行作为一个高杠杆行业，并且兼具利润前置、风险后置的特点，因此，一家优秀的银行在经营好转的时候首先应该想到的是准备足够多的风险抵补以应对未来的风险，而不是做高当期利润以迎合短期投资者的诉求。

（2）逆周期调节。逆周期调节通常是一种非市场化的手段，带有一定的政府干预色彩。也就是说，在经济衰退期，强迫银行放贷给企业并降低过高的风控标准；而在经济过热的时候收紧银行的信贷。实际上，在经济衰退的时候，很多企业不是“死于”竞争力不足，而是“死于”资金链断裂。强制银行放贷就相当于用流动性撑住由于杠杆收缩而即将“坍塌”的经济。逆周期调节本身是一把双刃剑，一方面可以弱化经济和金融行业的周期性，但另一方面也破坏了经济体系中的优胜劣汰机制。所以，在使用这一手段的时候要特别注意分寸。

调节外因的手段

除了针对内因进行的调节外，还有一些针对外因的调节手段，主要是合理化监管机制和主动适应会计准则。

以《巴塞尔协议》为例，在《巴塞尔协议Ⅱ》中，对于资本的要求实际上强化了银行的顺周期性。为了降低资本要求对银行周期性的影响，在《巴塞尔协议Ⅲ》中增加了“逆周期资本缓冲”要求。逆周期资本的重要性在于，在经济繁荣期通过积累逆周期资本，可以在经济萧条期释放这部分资本，从而增强经济发展的平滑性。巴Ⅲ中的逆周期资本缓冲比例为 0～2.5%，且必须是由核心一级资本组成。

除了监管机制的调节外，如何主动适应会计准则的变化也是一个重要的课题。中国银行业从 2018 年开始逐步切换到全新的国际会计准则 IFRS9。正如前文所说的，很多资产改为以公允价值计量，并且将公允价值的变动记录为当期损益，这样做的好处是可以更准确地反映银行的经营情况，但坏处是利润随资产价格的波动更大。如果银行想要控制其利润的周期性，就要想办法增加贷款的资产占比，因为贷款采用的是摊余成本法，不会随公允价值变动而变动。

通过上面的分析可以看出，银行有能力通过自身的调节手段适当降低经营的顺周期性，从而达到平滑业绩的目的。

第7章

银行的未来

7.1 银行面临的挑战

我们用了一多半的篇幅对银行的业务进行了详细介绍，读者朋友们已经看到了这个行业的过去和现在，但是更重要的是了解银行业的未来。对银行未来的机遇和挑战有了大体把握，我们投资的时候就能够有的放矢，事半功倍。

银行作为一个存在了几百年的行业，其顽强的生命力超乎绝大多数人的想象。现在，市场上很多投资者动不动就喊“颠覆银行”，而实际情况如何呢？前两年要颠覆银行的P2P自己“跑路”了，这几年要颠覆银行的比特币也是上上下下。银行虽然磕磕绊绊，但还在继续往前走。但是，就中国银行业而言，当前确实面临不少挑战。这些挑战有来自宏观经济的，有来自行业内部的，还有来自行业外部的，下面我们就来逐一进行分析。

7.1.1 宏观领域的挑战

银行业号称“百业之母”，和宏观经济的表现相关度非常高。宏观经济景气的时候，信贷需求充足，金融活跃度高，银行的信贷利率水平随之上升。而持续的景气周期会让贷款的不良率长期保持在低位。这些因素都推动了银行业绩的提升。反过来，效果则正好相反。

从本世纪初起，我国宏观经济已经走过了一轮长达20年的景气周期。但是，经济的发展有其客观规律，随着宏观经济形势的变化，银行面临着很多新的挑战，其中最显著的就是宏观经济“降速换挡”和“金融脱媒”。

经济“降速换挡”

经济“降速换挡”是我国近几年经济发展的新常态，经济增速从2013年之前的“保”8%，放缓到现在的“难保”6%。但是，经济增速下降不代表经济变糟了，“增速下降”只是增长放缓，并非经济下行。过去“保”8%是为了保证社会的就业率，而如今6%左右的增速，社会的就业反而更充分了。究其原因，是经济增速下降的同时，我国经济的发展模式有了较大变化。

过去我国经济经历了外需拉动和投资拉动两个阶段，到现在终于过渡到了内需拉动阶段。总体经济中服务业占比超过50%，过去依靠出口获得增长的轻工业和依靠投资拉动的重化工业都进入了相对的发展瓶颈期，而依靠丰富内需刺激的服务业开始大力发展，包括物流业、旅游业、文娱产业、餐饮业等。

这种经济“降速换挡”给我国的银行业带来了很大的挑战。首先，由于经济降速，与之对应的广义货币M2的增速也随之下降。而M2的同比增速决定了银行业的资产规模扩张速度。原来银行的信贷需求是做不完的，企业经营得好，资产质量高。可以说，2012年之前银行“躺着”都能赚钱，银行业粗放经营，根本分不出好银行和坏银行。但是随着经济下行，规模增长因素打折了，资产质量也下降了，银行不得不打起十二分精神来应对，不知不觉中，银行业的分化正在悄悄演绎。

其次，经济“换挡”使信贷需求的分布也发生了较大的变化。过去投资主导的经济模式中，信贷资源被大量投入基建、重化工等企业。这些客户属于重资产企业，一般规模大、抵押物充足，贷款风险较低，而且一次放贷规模大，银行尽调成本低，贷中和贷后管理附加工作少。现在，在消费主导的经济模式下，更多的信贷需求来自服务业和个人消费者。服务业多属于轻资产模式，企业缺乏充足的抵押物，中小企业的经营风险大，一次性贷款的金额低，银行对于这种中小微贷款的风险管理成本巨大。

“金融脱媒”

所谓“金融脱媒”是指资金供给绕开商业银行体系，直接输送给需求方和融资者，完成资金的体外循环。随着经济金融化、金融市场化进程的加快，传统商业银行主要金融中介的地位相对降低，储蓄资产在社会金融资产中所占比重持续下降，此过程以及由此引发的社会融资方式由间接融资为主向直接、间接融资并重转换的过程统称为“金融脱媒”。用一句话简单地概括，就是现在监管部门一直在推动的“加大直接融资比例”。

增加直接融资的比例给银行带来的最直接挑战就是：银行以往积累的大客户们的金融行为模式会发生巨大的变化。实际上最近两年国家在推动直接融资上做了很多工作，包括实施科创板注册制，鼓励可转债发行，放行上市公司的再融资等。但是，这些股权融资相关措施跟银行业务的冲突不大，真正产生显著影响的是发债注册制。

2020年3月1日，国家发改委发文表示，即日起，企业债券发行由核准制改为注册制，国家发展和改革委员会为企业债券的法定注册机关。这代表继科创板之后，企业债和公司债成了第二个实行注册制的直接融资渠道。很快，国内的顶级龙头企业申报了短期债，这实际上相当于抢了银行信贷业务的“蛋糕”。未来，这些大企业用发债替代贷款将是不可逆的大趋势，这就决定了银行在对公业务方面不得不向中小客户下沉。

从上面的分析看，经济“降速换挡”和“金融脱媒”都是银行无法回避的必然趋势，银行只能通过自我革新、转变角色来适应这种变化。

7.1.2　行业内挑战

除了宏观领域的挑战外，银行业面对的第二类挑战是行业内挑战。这些挑战主要来自监管要求和行业发展趋势，我们在此主要讨论资本充足率提升、利率市场化和行业对外开放这三种。

资本充足率提升

关于资本充足率提升的挑战，在6.1“高杠杆”一节其实已经有所涉及。2008 年次贷危机后，全球银行监管机构一直致力于提升对银行资本充足率的要求。监管机构的思路出发点是好的，通过强制提升银行，特别是大型银行的资本充足率底线，来增强大型银行应对风险和吸收风险的能力。我们之前介绍过的巴Ⅲ协议和全球系统重要性银行，就是出于这样的目的。

但是，这些措施的实施在降低银行风险的同时，也影响了银行业的盈利能力和内生性资本补充能力。以招商银行为例，2005 年招商银行的核心资本充足率是 5.58%，ROA 约为 0.54%，这说明招行在 2005 年总资产的收益率是非常低的。到了 2019 年，招行的 ROA 已经涨到了 1.31%。可是，对比 ROE 就会发现，2005 年的 15.93% 和 2019 年的 16.84% 是差不多的。这是因为 2005 年的核心资本充足率要求低，所以银行可以利用更高的杠杆。虽然在每一份资产上挣的钱少，但是由于杠杆倍数高，银行依然可以获得不错的回报。

随着 2008 年后巴Ⅲ的推行，中国银行业的杠杆倍数被不断压低。除了极少数优秀的银行通过提高 ROA 保持了 ROE 的水平，多数银行的 ROE 都是逐渐走低的。而提高 ROA 的主要方法有两种：第一，提高风险定价能力，以获得更高的净息差和更低的贷款信用成本；第二，提升不消耗资本金的中间业务收入占比。

利率市场化

利率市场化是指金融机构在货币市场经营融资的利率水平由市场供求来决定，这部分内容我们在 4.1.6 的部分已经讨论过了。利率市场化本身并不代表净息差缩小，但是如果和前面的宏观经济“降速换挡”相结合，就会令人产生“利率市场化使得净息差收窄”的错觉。

其实，利率市场化给银行带来的更大问题是银行如何平衡期限错配带来的收益和利率风险。我们都知道在银行的资产负债配置中，存在较为明显的期限错配。银行的负债中短期负债占比较高，包括同业存单、同业存放、活期存款等；而银行的资产配置中长期贷款的占比较高。期限错配是银行净息差的重要来源，也是银行利润的源泉。但是，期限错配在利率变化激烈的时候可能会造成银行利差损失，比如当银行的负债成本随着市场流动性收紧而大幅上涨的时候，由于中长期贷款的利率水平相对稳定，期限错配就会造成严重的净息差损失。

在利率管制的情况下，流动性和利率的关联度要小得多，很多银行已经习惯了“躺着赚钱”。利率市场化之后，市场利率的波动比原来剧烈得多，所以，银行在期限错配的问题上必须小心谨慎。银行应对利率市场化的常用手段包括：控制期限错配程度，调整资产和负债重定价的周期；采取必要的利率衍生品对冲利率风险；以及降低负债对于流动性的敏感度，比如增加核心存款占比、降低同业负债占比。

金融业的全面开放

金融行业的全面开放一直是银行业的一个“鬼故事”，从中国加入 WTO 就开始讲，讲了 20 年终于成真了。按照当时入世时的承诺，中国需要逐步开放金融市场。虽然当时设定了入世的保护期，但是，如果你看过 2001 年左右中国银行业的情况，就能体会当时我们的金融业是多么“弱不禁风”。

1998 年亚洲金融危机后，中国政府发行了 2700 亿元特别国债，注资四大行，帮助四大行将大量不良资产剥离，成立四大资产处置公司。在此之前，四大行的不良率高达 20%。如果不是中国政府信用背书，四大行可能早就破产了。即使最乐观的人也没有想到，短短二十几年后四大行已经位列全球最挣钱的 20 家银行。可以说，如果 10 年前全面开放金融业，中国银行业可能被外资金融资本打得落花流水。但是，时至今日，中国银行业已今非昔比。

虽然我国银行业在客户服务水平和盈利能力等很多方面都比二十几年前有了巨大的提升，但是我们的银行在风险定价模型、资产管理水平等领域依然和国外同行有一定差距。现在的金融业全面开放，给中国银行业带来了新挑战，但是笔者认为，这对于中国银行业中的优秀企业来说是机会而不是威胁。在本土竞争中击败国外金融资本，能够提升国内银行业的竞争力，为未来走出国门、配合人民币国际化的战略做准备。

7.1.3 行业外挑战

宏观经济挑战和行业内挑战都属于预期内的挑战，这些挑战虽然对银行业的影响较大，但银行还是有自己的一套方式去应对。而真正的危险反而是来自行业外的挑战。

其实，最近几十年在技术爆发的大背景下，很多行业都是被异业颠覆的。最经典的一个案例莫过于铜缆被玻璃颠覆。在 20 世纪 70 年代，美国某家铜缆生产商，受益于电信网络建设，生意红红火火，在细分行业内占据领导地位，一切看起来都很美。但是短短几年后，这家企业的订单断崖式下跌。而抢走订单的并不是行业内的竞争者，而是一家原来生产玻璃的厂家。这种颠覆的背后是通信行业的传输技术从电缆向光纤升级的科技变革。

互联网行业的颠覆

回到银行业的现状，目前银行业面对的行业外挑战主要来自互联网行业。新兴行业对于银行业的颠覆其实是有一定套路的。首先是替代：新兴的初创企业通过新的技术为客户提供更加廉价、客户体验更好的服务，从而动摇传统银行和客户之间看似牢不可破的关系。然后是削弱：新兴的初创企业和客户建立联系后，给客户提供在多家传统金融服务提供商之间无缝切换的方式，这样传统的服务提供商就逐渐沦为了纯通道企业。由于失去了客户的应用场景和相关的数据，传统的金融服务提供商将变得不再有价值，也就失去了和初创企业平等对话的筹码。最后是解体：初创企业不断蚕食传统企业的利润空间，直到传统企业解体。

回头看看，其实近几年以支付宝、微信财付通为代表的互联网支付企业正在不断蚕食零售银行的基础：从最开始的第三方支付起步，逐步过渡到现金管理（余额宝）、个人信贷（花呗、借呗）、财富管理（财付通、余额宝对接大批基金)、转账。基本上除了储蓄和提现功能外，这些互联网金融公司凭借更好的客户体验、更优惠的补贴政策、更低的收费标准，已经在多数储蓄银行的基本服务上站稳了脚跟。随着移动支付的普及，现金的使用场景正在快速萎缩。假如我的工资不是发在银行账户上，而是直接发到微信或者支付宝账户上，我很难想到有什么必要将钱转移到银行账户上，因为我在储蓄银行上需要完成的所有基本功能已经被互联网公司满足了。

银行业的应对措施

对于上述冲击，大中型银行并非束手无策。首先，大中型银行作为在国内零售领域深耕几十年的企业，手里掌握了海量的客户信息和金融行为数据。这部分数据的价值还没有被好好利用。其次，银行已经和大量的日常消费商户建立了密切的合作，银行有能力给客户设计更贴近消费场景的产品。再次，不同客户对于服务的需求级别是完全不同的，互联网公司提供的标准化服务面向海量客户，具有明显的长尾效应（可以快速增加客户规模而不必增加太多服务成本）；但是对于高净值客户更为复杂的金融服务需求，标准化的服务显然不具备吸引力。而根据“二八原则”，20% 的客户掌握了全部个人财富的 80% 以上。所以在金融领域，资产规模比用户数量更有价值。最后，也是最重要的，银行本身最核心的利润来自作为信用中介所拥有的风险识别能力。这种风险识别能力能够帮助银行在资产端获取风险定价权（息差)，而在负债端又可以满足大多数客户希望得到的无风险稳定收益。对于这个方面，银行的信用度和“50 万担保制度”能够满足客户对资产安全的要求。

所以，虽然表面上看互联网金融公司的体量目前还不足以和国内的银行体系分庭抗礼，而且银行掌握了很多初创企业不具备的优势，但是银行业的掌舵人必须居安思危、未雨绸缪。如果银行想要摆脱被初创公司消灭的命运，就必须立刻作出改变，以应对互联网金融公司的挑战。具体的应对策略有如下这些：

（1）加快对新技术的掌握，利用新技术结合目前银行掌握的海量客户数据和金融行为数据，为客户设计出更符合他们需求、体验感更好的服务和产品。比如，针对海量普通用户提供更多方便快捷的移动端产品，同时通过接入更多消费场景吸引更多活跃的客户；针对高净值客户提供贴身式单独定制服务，以增加客户的忠诚度。这样可以保持客户对银行产品服务的认可度，降低流失率。

（2）通过大数据分析、AI 技术，将更多的工作人员从日常的重复性劳动中解放出来，从柜员升级为销售人员，增加对客户的交叉销售。通常来讲，客户在一家银行账户上绑定的服务越多，他转换银行的成本就越高，他对于这家银行的黏性和忠诚度就越高，而银行沦为通道的可能性就越小。

（3）利用云计算、区块链等新技术进一步开源节流，包括开放计算中心的运维服务能力，将计算中心从一个花钱的部门变成一个挣钱的部门；通过区块链改造国际汇款、信用证等高成本业务，降低相关的费用。

（4）在 IT 团队内组建独立的“创新特种部队”，减少冗余机构对创新的阻碍，针对少数关键技术方向做战略性突破。

（5）改变银行现有的以业务产品为核心的组织方式，而转为以客户为核心的组织方式。能够针对不同类型的客户提供更加定制化的产品并进行精准营销，而不是坐等客户提出需求，或者闭门造车。

如果投资者选择的银行在这 5 个方面都有实质性的进展，那么这种银行可以算是优秀的银行；如果选择的银行在这 5 个方面多数没有涉及或者只是停留在表面空谈，那么未来这种银行只能越来越平庸。

7.2 发展方向

在前一节中我们已经看到了，目前银行的发展面临诸多挑战，有宏观的，有自身的，还有来自其他行业的。如果银行想要持续地成长，那么必须调整自己的发展方向。这种调整既包括业务发展方向的调整，也包括银行 IT 架构发展方向的调整。

7.2.1 业务发展方向

银行想要继续发展，无非就是想办法做大两部分主要营收：一个是净利息收入，一个是非利息收入。其中，净利息收入的主导因素就是规模和净息差。但是，随着我国经济的“降速换挡”和巴Ⅲ协议的执行，未来的规模增长必然受到相当大的限制。而对于扩大净息差而言，一种途径是提升资产收益率，另一种思路就是控制核心负债的成本。

对于非息收入来说，银行想要增加这部分收入，除了保持必要的规模外，还必须保持和客户的黏性。一般来说，客户黏性越强，客户使用银行的服务就越多。按照这两个思路，未来的银行业务主要朝着零售银行，投行、小微重塑对公业务和资产管理业务这三个大方向发展。

零售银行

随着我国经济的“降速换挡”和“金融脱媒”，对公银行业务中的优质客户会大量转向债券市场，剩下的中小企业客户的风险收益比并不好，因此，银行向零售业务转型势在必行。相比对公业务，零售业务的特点是：单笔金额小，交易笔数多，利率较高，风险较低。

在零售银行业务中，个人客户和银行相比处于弱势地位，所以在协商贷款利率的时候往往没有话语权，只能被动接受较高的贷款利率。由于我国目前还没有个人破产法，银行对于个人债务有无限追索权，再加上央行建立的个人征信系统，导致个人逃废债的违约成本极高。实际上我国零售贷款的不良率显著低于对公贷款。所以，可以说零售贷款属于高收益低风险的资产，能够帮助银行提高净息差，降低不良率。

看了上面的描述，读者可能会奇怪，既然零售贷款有这么多优点，为什么银行一开始不把零售业务作为发展的重点呢？原因很简单，即前文介绍银行的贷款业务时提到的，对公贷款的贷前尽调成本要比个人贷款的低得多。但是在目前银行业“内忧外患”的大环境下，银行也不得不转变业务模式，向零售倾斜。招商银行在2000年左右将零售业务作为重要战略方向时，时任行长马蔚华在高管会议上曾说道：不做对公业务，现在没饭吃；不做零售业务，未来没饭吃。

现在零售业务可以大范围开展，IT技术的大范围应用起到了巨大的作用。网上银行、手机银行、大量自动机具的应用，使近年来银行零售业务的离柜率大幅攀升。2016年银行业平均离柜率84.31%；2017年银行业平均离柜率87.58%；2018年这一数字则达到88.67%。而对于上市银行，其整体离柜率均高于90%，部分已达到95%。大量的零售银行业务，包括存款、转账，甚至贷款审批，都变为计算机自动或半自动完成。IT技术的应用大大提升了银行的效率，降低了零售业务的成本，最终使银行零售业务的大规模发展成为可能。

投行、小微重塑对公业务

随着大客户增加发债的比例，银行必须转变自己的角色，从过去单纯的资金出借方转变成大企业的金融合作伙伴，为客户提供全方位的综合金融服务。这些服务包括：信贷支持、并购信贷、债务承销、现金管理、供应链金融等。相应地，银行需要在投行、现金管理、供应链金融等方面加强能力建设。

除了发展综合金融服务外，对于中小企业的贷款，银行也需要改变传统的风险定价模式。之前给大客户做贷款，客户能提供充足的抵押物，贷款的金额比较大，做一次尽调可以完成几亿元甚至十几亿元的放贷任务。但是由于中小客户存在抵押物不足、现金流差、风险高、单个客户的贷款金额小等问题，以前一个客户可以放出去的贷款，现在可能要一百个。中小客户的风险定价和尽调问题对传统的贷款风险模型构成了巨大的挑战。后续势必依赖大数据、图数据库、人工智能等先进的 IT 技术提升银行的风控水平和效率。

资管业务

随着我国居民收入的大幅增加，大批受过高等教育的城市居民成为中产阶层。这批人的理财意识逐渐觉醒，资产保值增值的需求与日俱增。这些需求催生了近年来国内资管业务的蓬勃发展。而随着我国经济下行，银行间市场的利率水平也逐级走低，较低的无风险利率更加刺激了民众的风险投资需求。

在国际上，资管业务一直是银行的一项重要业务。以摩根大通银行为例，在 2017 年末，摩根大通的表内资产规模达到了 2.53 万亿美元，而资管业务管理的客户资产规模却高达 2.79 万亿美元，也就是说其资管规模超过了自身的资产规模。摩根大通的资管业务收入占整个公司收入的 12.5%，净利润占比为 9.6%。

“他山之石，可以攻玉。”从国外同行的发展路径不难看出，资管业务必然是银行未来的业务发展方向之一。资管业务在满足了客户资产增值需求的同时，还不消耗银行的资本金，可谓是一箭双雕。

以上列举了银行未来发展的三个大方向，当然，受本书篇幅所限，还有其他一些包括交易银行、私人银行等的发展方向没有列出。未来银行的发展路径必然是多样化的，但是银行的经营宗旨只有一个：尽最大可能满足客户的金融服务需求。

7.2.2 IT 发展方向

为了满足银行业务的发展需求，银行的 IT 必然也要随之变革。而不同的银行原有的 IT 基础不一样，面临的挑战不同，对应的发展方向也会有一定差异。笔者将银行划分为四大行，股份制银行，城商行、农商行三大类逐一进行分析。

四大行

四大行的特点是客户群庞大，网点覆盖范围广，机构复杂，人员数量巨大，肩负国家政治、经济任务，业务复杂、类型多。当前，四大行面临的痛点主要是未来客户线上为主的覆盖模式对现有的网点优势造成冲击，四大行复杂的组织架构无法快速响应市场的变化。那么，四大行的电子科技领域应该向什么方向发展呢?

1. 四大行向集团化混合经营发展

随着信贷业务利润空间的降低，以及未来四大行作为全球系统重要性银行需要满足的总损失吸收能力（TLAC）规范的要求，四大行以子公司的方式涉足投行和资管等中间业务已经无法避免。所以，如何在集团多个子公司之间构建互联互通的信息统一视图，如何在多个业务模块之间保证客户的无缝切换，这对于四大行来说是一个挑战。

2. 追随国家战略，积极布局海外

为了实施人民币国际化的国家战略，四大行在全世界积极搭建服务网络。但是，如何管理跨地域的 IT 系统并满足当地法律对于银行业务的要求，是四大行在海外扩张面临的必然挑战。

3. 更改客户覆盖模式

对于现有的客户覆盖模式，变化已经是必然的发展趋势，冗余的网点和人员已经成为四大行继续发展的包袱而不是推动力。四大行必须依靠新的科技能力，助力业务网点优化布局，让银行更多地融入客户的日常生活场景，以增加客户的黏性。

4. 重新构建 IT 组织架构

四大行现有的 IT 组织架构已经影响到 IT 技术自身演进的进程。为了解放 IT 组织的创新能力，提高 IT 技术对业务发展的赋能效应，四大行有必要建立独立的 IT 组织，包括分拆开发中心、公有金融云运维公司等。

股份制银行

股份制银行的特点是经营相对灵活，公司激励机制比较完善，承担国家的政治任务相对较少，历史包袱少。而其存在的问题包括：网点覆盖范围小，客户基础薄弱，负债不够稳定。

1. 大力拓展客户基础，增加核心负债

相较于四大行，股份制银行无论是对公还是零售，客户基础都比较薄弱。网点覆盖不足，使股份制银行必须通过新的客户覆盖模式和更优质、丰富的金融服务吸引客户。因此，零售的新客户覆盖模型和交易银行的创新都是股份行拓展客户基础的重要举措。只有拥有了客户基础，股份行才能增加稳定的核心负债。

2. 提升自身的风险定价水平

银行的核心竞争力除了获取稳定低利率的负债能力，还有一项就是风险定价水平。如何从信用评级较差的客户中找到相对风险更低、收益更高的客户，是考验银行营运能力的一项关键指标。充分利用目前先进的大数据技术和人工智能技术，可以辅助银行提升风险定价能力。

3. 利用金融科技提升营运效率

股份制银行的 IT 实力虽然不如四大行那么雄厚，但是其 IT 组织结构更加精干，能够快速响应 IT 发展的趋势。积极拥抱金融科技可以帮助公司提高营运效率，以更少的网点、人力和资源支撑更多的客户群体并满足他们的需求。

4. 利用投行和财富管理业务，大力拓展非息收入

股份制银行相对四大行最缺乏的是资本金，由于快速扩张，其资本金的消耗一直高于盈利累积的速度。只有利用投行和财富管理等轻资本的非

息业务，增加利润、降低资本金消耗，才能摆脱不停“增发圈钱”的窘境。而对于投行和财富管理类的业务，银行还是个刚刚蹒跚学步的孩子。和海外的同业相比，我国股份行的 IT 技术在主导风险模型建立、智能投顾、衍生品高频交易等领域还有比较大的差距。

城商行、农商行

城商行、农商行的问题是无法跨地域布局，因此规模扩张能力弱，应对地域性风险的能力差；IT 力量薄弱，IT 治理和信息挖掘能力不强；员工专业能力相对较弱，公司治理结构不完善，受地方政府干预较多。但城商行和农商行也有其独特的优势：其所服务的客户群体财富管理意识尚未完全觉醒，股份制银行和互联网金融对县域经济的渗透不足，因此核心负债比较充裕。

1. 提高资产配置能力和风险定价能力

城商行和农商行大多拥有较稳定的核心负债，但是资产配置能力一直是这些地方银行的短板（特别是欠发达地区的银行）。随着监管层加强了对银行同业拆借占比的控制，如何找到高收益、低风险的资产端项目是城商行、农商行的当务之急。这些银行可以考虑和互联网金融公司合作，外引流量；加强风控数据的分析、提高风险识别能力等。

2. 提高 IT 运维水平

多数城商行和农商行 IT 运维能力相对较弱，很多不具备异地灾备系统，IT 的持续服务能力不足。这就需要引入金融云或者灾备云服务，协助它们完善 IT 运维能力。

7.3 金融科技

7.3.1 金融科技是银行业的基石

先进IT技术的追随者

最近两年，金融科技在银行圈子里是个热度很高的词。哪个银行的高管出来作报告如果没提几遍金融科技，都不好意思说自己是银行从业者。但是在笔者看来，金融科技的本质并不是多么新鲜的东西。在多年前，银行谈的是信息化建设，现在只不过是把信息化建设换了个名字，叫金融科技而已。信息化建设也好，金融科技也罢，本质都是利用IT技术不断提升银行的效率。

我国银行业一直以来都是国内IT建设投入最大的行业之一，银行业的信息化水平远远领先其他行业。之所以会如此，一个最重要的原因就是：银行业是一个劳动密集型且人力成本极高的行业。按照英国《银行家》杂志披露的数据，国外银行的成本收入比（营运成本占营业收入的比例）多数在50%以上，而营运成本中很大的一部分就是人力成本。在计算机引入银行业之前，每天银行停止营业后都要让网点的会计平账。如果没有错账还好，一旦账不平，加班熬夜那是常态。

所以，自从IT技术出现后，银行成为第一批应用计算机软硬件的行业，从最初的计算机、数据库，到后来的网络、灾备，再到现在的大数据、AI，银行业一直是先进IT技术的追随者。这是因为金融业本质上是数据驱动的行业，科技一直是银行安身立命的磐石。

科技对银行业的颠覆

近几年随着互联网金融行业的兴起，大家都在说互联网金融会颠覆银行，但是从来没有人想到，金融科技不仅能够帮助银行守住阵地，还能帮助银行在以前做得不好的地方开疆拓土。经常有朋友问我：“你作为一个IT架构师，整天研究银行，这不是不务正业吗?”我想说的是，只有理解客户的需求，才能满足客户的需求，甚至能先一步替客户考虑如何解决他们面临的问题。现在，我就站在一个IT从业者的角度来说说，金融科技是如何帮助银行“插上翅膀”，飞向新的“蓝海”的。

随着我国经济“降速换挡”，经济结构调整拉开序幕。以服务业为主的第三产业的特点除了轻资产、轻资本，其融资更多地依赖风险投资等股权融资方式。这势必导致未来银行的对公信贷业务发生根本性的变化，越来越多信用良好的大中型企业转向股权、债权市场融资，新兴的高科技产业则更多地依赖风险投资。其结果是银行对公信贷过去那种“傍大客户，躺着赚钱”的方式一去不复返。

由于越来越多的大中型企业转向直接融资，这些企业的信贷需求减弱势必造成银行在这部分的资产端收益下降。如果想提高资产端收益，必须开辟新的客户群体，具体来说就是零售端的信用贷和对公端的小微贷。

但是，无论是个人信用贷还是小微贷款，都涉及银行非常头痛的一些问题，比如风控成本高、交易成本高、IT响应业务需求慢等。

首先，以往对大企业发放贷款前，银行会派调查员对企业进行尽调，并评估企业的违约风险。但是，对于海量的个人消费者和小微企业，银行如果沿用传统的尽调模式，其时间成本、人力成本和产生的收益将会严重不匹配。

其次，当银行对公业务向小微、零售转型时，银行的业务模型从低频交易向高频交易转型，以往一笔大企业的贷款动辄几千万元乃至上亿元，而小微和零售贷款可能只有几十万元到百万元级别。所以，银行发放和过去同样额度的贷款，产生的交易可能比原来增加几倍、十几倍，甚至几十倍。交易量的暴增对于银行 IT 系统从架构到成本都产生了巨大的冲击。

最后，银行的业务运作模型从过去的以产品为中心，向以客户为中心转变。在以产品为中心的业务模式下，银行提供什么产品，用户就用什么产品。所以，业务对于 IT 的需求是相对稳定的。而在以客户为中心的业务模式下，客户需要什么，银行就要提供什么。业务对于 IT 的需求是不稳定的，多变的。

面对这么多的挑战，金融科技究竟如何帮助银行实现业务转型呢？下一部分我们具体来谈。

7.3.2　金融科技提升银行的经营效率

上一节提到了由于银行业务的转型，银行业对于 IT 的需求发生了巨大的变化。为了迎接业务转型的挑战，银行必须依靠金融科技来提升经营效率。具体到金融科技的技术，主要是 A、B、C、D 这四大类。

人工智能（Artificial Intelligence，AI）

人工智能技术本身并不是一个新技术，其实早在 20 世纪六七十年代就已经有计算机科学家开始研究人工智能的理论。但是，鉴于当时计算能力的不足，人工智能模型所需要的计算能力根本不是当时的计算机可以支撑的。所以，人工智能的发展陷入了第一次低潮。到了 90 年代，随着计算机性能的快速提升，人工智能迎来第二个发展高峰，1997 年 IBM 的“深蓝”首次击败国际象棋冠军卡斯帕罗夫，这成为人工智能领域发展的标志性事件。

但是，很快科学家就发现这种人工智能仅能在规则明确、边界明确的范围模拟人的思维，属于“弱人工智能”，这种技术并不能在实际生产中替代人脑进行工作。所以，第二次浪潮也就这样过去了。到了 2012 年，来自多伦多大学的一个团队运用一个卷积神经网络（CNN）模型（AlexNet）和图形处理器（GPU），将计算机视觉图形的识别率一举提升了 10 个百分点，达到84%，而此前几年该成绩一直徘徊在74%左右。从此以后，人工智能依靠深度神经网络和GPU的加持，进入第三次爆发周期。人工智能迅速在计算机视觉、自然语言处理、机器人和风险控制等多个领域取得突破性进展。目前，最新的计算机视觉图形识别率已经提高到96%，这个识别率已经达到了正常人类的水平。

AI技术在银行主要的应用场景包括：人脸识别、语音语义识别、风险控制、流程机器人等。通过这些技术的应用，零售业务中大量的服务业务、操作业务、风险判别等任务从原来的人工处理变为了全自动或半自动处理。以招商银行披露的信息为例：用于零售信贷催收的机器人成本是人工的1/10，产出则是人工的9倍，运用人工智能可以节约大量的人力成本。再比如，机器人处理自动化（RPA流程化机器人）用机器替代简单的外包，也节约了大量成本。目前，招行的消费贷利用人工智能、风控模块已经实现了总行统一自动化审批，分钟级审批、放款。

区块链（Block Chain）

区块链是分布式数据存储、点对点传输、共识机制、加密算法等计算机技术的新型应用模式，其本质是一套一致的、不可篡改的共享数据库。区块链技术源于比特币，通过一套完整的技术堆栈确保多方在交易中达成一致可信。

银行股投资者很清楚，银行的主要职能之中有一条就是信用中介，而在贸易双方之间建立信用，有时候需要付出高昂的时间和资金成本。区块链技术可以将交易中涉及的多方信息通过区块链进行不可篡改的共享，并保证数据的一致，这无形当中就降低了银行验证信息的时间和资金成本。

区块链在银行的主要应用场景包括：贸易信用证、跨国资金调拨、供应链金融等。2018年初，招商银行联手永隆银行、永隆深圳分行，成功实现了三方间使用区块链技术的跨境人民币汇款，也是全球首笔基于区块链技术的同业间跨境人民币清算业务，资金划拨效率从过去的以天计降低到以秒计。

云计算（Cloud Computing）

云计算是与信息技术、软件、互联网相关的一种服务。云计算把许多计算资源集合起来，通过软件实现自动化管理，只需要很少的人参与，就能让资源被快速提供，这种计算资源共享池叫作“云”。云计算已经不是一个新概念了，起码在 10 年前云计算的概念就已经被提出。但是，直到最近几年，相关的技术框架才逐步完善，云计算才从概念落地运用到实际生产中。

银行对于云计算的追捧并非像很多传统行业那样当成是“政绩”工程。银行业的需求变化决定了云计算是必由之路。随着零售、小微等业务占比的增加，客户的访问量呈现大幅增长、爆发性强、需求多变的特点，传统的竖井式架构已经完全无法适应业务发展。同时，传统的商业计算模式成本高昂，利用低成本的 X86 承接业务，面临的最大问题是海量服务器运维的压力。此时，云计算方案以其灵活、弹性、自动化程度高等特点为广大银行所接受。实际上，诸多大中型银行已经启动，甚至完成了应用系统上云的任务。

大数据（Big Data）

大数据是一种规模大到在获取、存储、管理、分析方面大大超出了传统数据库软件工具能力范围的数据集合。过去的商业信息处理框架主要是围绕企业在营运过程中产生的关系型数据进行加工、挖掘，并以此为目标建立一套完整的在线交易处理（OLTP）+在线分析处理（OLAP）数据处理系统。这些系统依赖于关系型商业数据库软件、高性能计算机和大容量集中存储。

但是，随着银行的业务运作模型从过去的以产品为中心向以客户为中心转变，银行关心的数据从自身系统内产生的营运数据，逐渐扩展到了客户相关的行为、习惯数据，而这些数据大部分是以非结构化的形式存储的。所以，银行需要全新的大数据系统去获取、存储、管理、分析这些数据。

大数据在银行主要的应用场景包括用户多维画像、用户行为分析等。以招行为例，2020 年招行新上线了“风铃”系统，通过“风铃”项目打通了招行内部几十个系统，集中了包括投诉、App 服务里面的各个投诉点、客户反馈等信息。客户办理完业务以后不满意，打了低分，他们反馈的所有声音将会集中在一个系统里面，实现统一分析，以提升客户的服务体验。

从上面的分析可以看出，银行自身是非常重视科技建设的。面对剧烈变化的业务需求，金融科技不仅不会颠覆银行的业务根基，反而能从多个方面帮助银行应对行业的变化。

第8章

银行的估值

最近几年，如何对银行进行估值一直是银行股投资者和看空银行股的人争论的一个焦点话题。看多银行股的投资者认为应该给予优秀的银行市盈率估值方法，看空银行股的人则认为应该按照市净率估值。在下结论之前，我们不妨看一下常见的估值方法有哪些，适用于什么场景，各有什么优缺点。

8.1 常见的估值方法

所谓估值，最简单的理解就是，如果你想买入一家上市公司的股票，究竟应该给予什么价格。估值是整个证券市场最让人迷惑的地方，也是人们认知差异最大的地方。可以这么说，没有任何一种估值体系可以覆盖所有上市公司，而不同的估值体系对于同一家公司可能给予完全不同的评估价格，这也正是证券市场的魅力所在。不同的估值体系、不同的认知，会产生不同的价值认同，不同的价值认同促成交易，而公司的价值就是通过长期的交易价格来体现的。这里笔者简单列示几种常见的估值方法，供读者参考。

自由现金流折现法

自由现金流折现法（Discounted Cash Flow Model，简称 DCF 模型），就是把企业未来特定期间的预期现金流按照一定的贴现率还原为当前现值。企业价值的真髓是它未来盈利的能力，只有当企业具备这种能力，它的价值才会被市场认同。因此现金流折现法常被理论界作为企业价值评估的首选方法，在评估实践中也得到了大量的应用，并且已经日趋完善和成熟。

但是，这种方法更适合用来评估制造业、商业等行业，不太适合金融行业，这是因为在金融行业通常无法准确地定义什么是自由现金流。在金融行业，由于原料、产品和利润都以货币的形式体现，所以单独看经营现金流量表通常是没有意义的。况且多数金融企业受到资本金限制，很多盈利需要留存补充资本金。

最后，这种方法给出的估值是非常保守的，通常只能在熊市中后期才能找到符合标准的资产。如果在一轮长牛、慢牛中，投资者使用 DCF 很可能找不到合适的投资标的。

股息率比值模型

这个方法其实是用公司的股息率和当前的无风险利率（通常可以取中长期付息国债的利率作为标准）进行对比。如果股息率低于无风险利率，说明公司估值偏高，反之公司估值偏低。但是，这种估值方法的局限性较大，主要适用于派息稳定的蓝筹股或现金牛股（比如公用事业股），不适合快速成长的公司。

这是因为快速成长的公司通常更倾向于将利润留存用于公司的扩张。以“股神”巴菲特执掌的伯克希尔－哈撒韦为例，这家公司自从“股神”接手后就不再进行分红，但是这并不影响公司的股价涨了几万倍。“股神”的名言“公司分红后，投资者拿到红利再投资产生的回报还不如留在公司内”就说明了股息率估值法的局限性。类似的情况也存在于快速成长的亚马逊、阿里巴巴、腾讯等公司，使用股息率比值模型无法准确评估这些公司的价值。

另外，这种估值方法也只有在熊市中后期才能找到合格的公司。

市盈率估值模型

市盈率（PE）就是用一家公司的总市值÷净利润或者用股价÷每股净利润。根据国内外长期跟踪调查得到的平均收益率看，上市公司的平均业绩增速在 8%～12%，那么对应的市盈率就是 8～12 倍。如果高于或者低于这个市盈率，就代表股价跟历史均值比偏高或者偏低。

但是，市盈率在使用的时候行业间存在很大差异。有些轻资产行业，比如电商、科技公司等，市盈率会远高于平均值。所以，市盈率的评估是相对的，受主观因素干扰较多，最好不要跨行业比较不同公司的市盈率估值。即使是同属大消费的白酒行业和啤酒行业，其估值也不能直接类比。

另外需要注意的是，强周期个股不适合用市盈率估值模型进行评估，因为强周期公司的净利润波动非常剧烈，往往在行业景气高峰期，其市盈率是偏低的，在行业不景气的时候市盈率是显著偏高的。如果投资者在市盈率较低的时候买入周期股，反而会被套在“山顶”。

市净率估值模型

市净率估值就是用一家企业的总市值 ÷ 净资产，只要公司财务不造假，市净率低于 1 绝对是低估的。这意味着如果马上进行破产清算，股东分到的资产价值是高于当前价格的。这种估值方式非常适合用来对重资产、强周期性的公司进行估值，“破净”通常出现在熊市的中后期。但是这种方法不适合成长股和轻资产个股的估值，也不适合在牛市开启后寻找低估的个股。

市盈率相对盈利增长比率估值模型（PEG 模型）

市盈率相对盈利增长比率指标（PEG 指标）是用公司的市盈率除以公司的盈利增长速度。PEG 指标是英国知名成长型投资大师吉姆 · 斯莱特（Jim Slater）发明的一个股票估值指标，是在市盈率估值的基础上发展起来的，它弥补了市盈率对企业动态成长性估计的不足。

但是，PEG 是笔者所列举的所有估值方法中最容易被误用的，也是研究员忽悠投资者最常用的一个“画大饼”估值体系。笔者个人认为，在使用 PEG 的时候要有几个前提条件：首先，不能用于强周期个股；其次，盈利增长率不能单看 1 年，而要看 3 年的复合增长率；再次，公司的盈利增长率要高于市场长期平均盈利水平；最后，公司很难长期获得高速年化增长率，随着公司规模的成长，维持高速增长的难度会越来越大。

8.2 如何对银行进行估值

上一小节我们探讨了目前市场上一些常见的估值方法。那么对于银行股，我们究竟应该用什么估值方法来评估呢？想要弄清楚这个问题，首先要确定银行业到底属于什么行业，然后再根据行业特性选择合适的估值体系。

当前中国A股市场常见的公司分类为：成长型公司、现金牛型公司、周期型公司和垃圾公司，这四类基本可以涵盖A股上市公司中的八成。垃圾公司通常是那种长期业绩无增长、无净利润的公司，这种垃圾公司基本只具有壳价值。但是，自从IPO“大放水”以来，这种公司的价值基本被归零，本书就不再讨论了。下面我们就来分别看一下，其余3种公司的特征。

对成长型公司进行估值

成长型公司，是指处于飞速发展阶段的公司，虽不见得立即就能获得高额股利，但前景较好。这些公司要么是营收高速增长，要么是净利润突飞猛进。通常来讲，这些公司本身体量较小，一旦成长为“巨无霸”，会向现金牛型或周期型公司演变。在A股市场，成长型公司中，格力电器可以说是典型代表。图8.1是格力电器2010—2017年的净利润。可以看出，格力电器在这8年中，只有1年录得了净利润负增长，其他年度的增速都在20%以上。8年净利润累计涨幅超过400%，净利润年化增速26.69%。通常在对这种成长型公司估值时，我们会使用PEG估值法，就是使PE估值和净利润增速的数值保持一致。比如格力电器，其 2017 年前的合理估值应该在 20 倍 PE 以上。

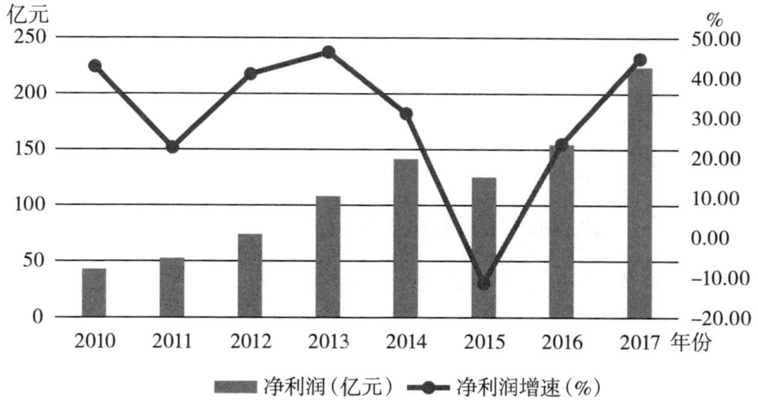

图 8.1　2010—2017 年格力电器净利润

对现金牛型公司进行估值

现金牛型公司，是指那些已经过了高速成长期的公司，其公司的净利润长期稳定于一个狭窄的区间。公司赚取的利润无法进行再投资，所以多数利润通过现金的方式分配给股东以保持公司的净资产收益率（ROE）。常见的现金牛型公司包括公用事业股（如电力、燃气、自来水公司等）、高速公路股等。比如 A 股的宁沪高速，如图 8.2 所示，这家公司 2010—

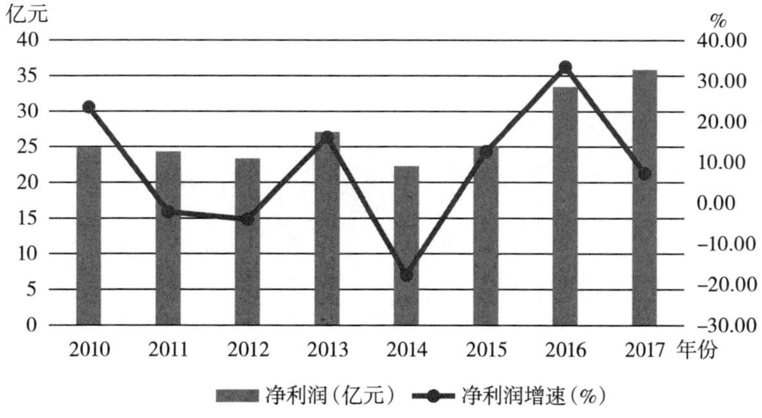

图 8.2　2010—2017 年宁沪高速净利润

2017 年的净利润在 20 亿～35 亿元振荡，净利润增速年化 5.39%，平均派息率超过 50%。对于这种公司，通常投资者可以将其看作债券，按照债券的估值方式进行评估。例如，这家公司的股息是每股 0.44 元，假设当前债市的无风险利率是 3.2%，那么这家公司的合理估值就是 13.75 元。如果无风险收益率降低，那么股票的估值也将上升。

对周期型公司进行估值

周期型公司，是指那些净利润随着经济周期波动较明显的公司。周期型公司又分为强周期型公司和弱周期型公司两大类。

强周期型公司通常是指那些营收或者净利润随着经济周期波动非常剧烈的公司，如钢铁、汽车、造纸业等。这类公司的一个共同特点是其产品的毛利率相对较低，固定营运成本很高，重置成本巨大。当经济进入景气周期时，产品价格的提升对毛利润和净利润提升效果非常明显。假设一家钢厂产能是 1000 万吨，吨钢成本 5000 元，平常年份吨钢价格 5500 元，工厂的营运成本 30 亿元，这样其平时税前利润就有 20 亿元。假设进入景气周期，钢材需求上升，钢材价格涨到 6000 元每吨（涨价幅度不到 10%），吨钢成本和营运成本不变，钢厂的税前利润就是 70 亿元，净利润增幅为 250%。反过来，如果经济不景气，吨钢价格降到 5050 元（降幅不到 10%），其他条件不变，则税前利润为负 25 亿元，净利润降幅达 225%。所以，可以看出强周期个股的净利润会随着经济景气状况的周期交替而大幅波动。

而对于弱周期型公司，如食品、酿酒、医药业等，由于产品的毛利率较高，所以这些公司对于周期波动和价格波动的敏感性远远弱于强周期行业。图 8.3 和图 8.4 分别是强周期型公司鞍钢股份和弱周期型公司五粮液 2010—2017 年的净利润表现。

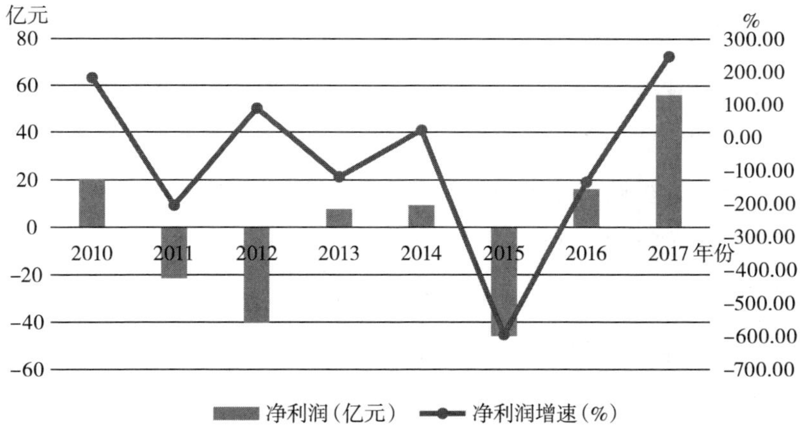

图 8.3　2010—2017 年鞍钢股份净利润

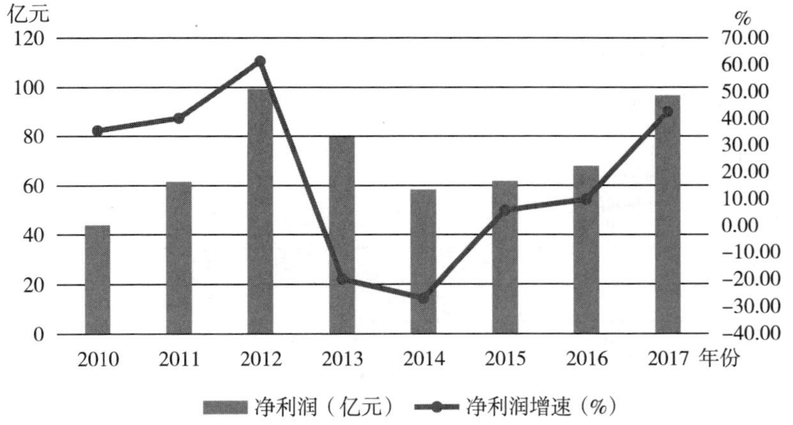

图 8.4　2010—2017 年五粮液净利润

我们可以很容易看出，对于强周期型的鞍钢股份，其业绩经常在大幅盈利和大幅亏损之间巨幅波动，净利润增速或降幅动不动就是百分之几百。而反观五粮液，虽然也有两个年份录得净利润下跌，但是总体来说净利润还是振荡走高的。所以，弱周期个股类似于成长股叠加周期股的效果。对于强周期个股，由于其净利润波动巨大，所以不适合用市盈率估值的方法进行评估，多数情况下是用市净率估值，估值中枢就是市净率 1 左右。而对于弱周期个股，可以适当考虑使用 PE 估值法。

银行属于哪一派？

那么银行业到底属于什么类型的公司呢？我们不妨看一下优秀银行的代表——招商银行的净利润表现。如图 8.5 所示，招行在这 8 年净利润持续保持正增长，虽然有几年增速只有个位数，但是综合来看净利润年化增速依然达到了 15% 的水平。

尽管银行板块和经济周期密切相关，但是考虑银行本身的资产减值计提本质上是一种“以丰补歉”、平滑利润的手段，所以招行这种优秀的银行完全可以通过调节减值计提规模，来达到平滑利润和周期波动的目的。所以，招商银行完全可以归类为弱周期型公司，在当前的状态下可以用市盈率估值法，以过去多年的年化净利润增速和未来 2 年的净利润增速预测作为市盈率的估值范围。根据现有的数据，笔者认为 15 倍 PE 对于招行来说是一个比较合理的估值水平。

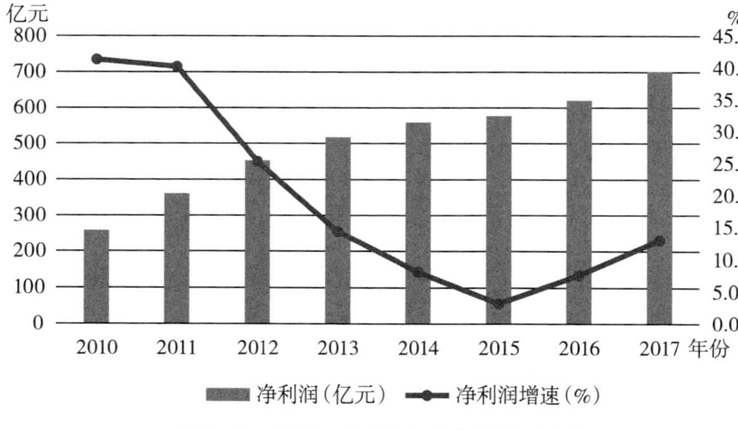

图 8.5　2010—2017 年招商银行净利润

但是，需要提醒读者注意的是，最近几年银行业内的分化日益明显。优秀的银行比如招商银行、宁波银行等已经走出了衰退，开始提升盈利指标。与此同时，一些平庸的银行还没有爬出不良的泥潭。所以，即使同样是评估银行，也要根据银行的优劣给予不同的估值。

8.3 评估银行的常见指标

通过前面两个小节的讨论，读者应该能体会到，银行的估值需要建立在区分优劣的基础上进行。那么，这就涉及如何评估银行的优劣，而这也是银行业比其他行业更复杂的地方，因为银行的评估不能仅仅看净利润增速，银行业本身有很多有特色的专用指标。下面就分别介绍一下评估银行的常见专用指标。

8.3.1 评估银行的常见专用指标

银行业专用的评估指标分为收入相关、支出相关和资本相关三大类，其中收入相关的指标包括净息差、非息收入占比；支出相关的指标包括不良率、不良偏离度、拨备覆盖率、拨贷比、成本收入比；资本相关的指标包括核心一级资本充足率。

净息差

对于净息差这个指标，本书的4.1.1部分已经有了明确的定义，并且阐述了哪些因素会影响净息差，这里就不再赘述了。净息差对于银行非常重要，因为目前中国银行业的净利息收入依然占据营收的大头，部分银行净利息收入占比甚至超过80%。净息差代表了相同的生息资产所产生营收的多少。

这里需要提醒读者注意的是，单看净息差指标可能会忽略了其背后的资产质量问题。有的银行净息差高是因为资产收益率高，比如喜欢给高风险客户放高利率贷款的平安银行；有的银行净息差高则是因为负债成本低，比如招商银行。所以，即使净息差相同，不同银行背后对应资产的风险是不同的。

非息收入占比

非息收入占比这一指标在本书的4.2小节中已经讨论过，同时该小节也指出了非息收入占比、手续费占比其中的“猫腻”。银行股投资者关注非息收入占比的意义，主要是看银行有多少收入是和风险资产无关的。但是，随着新会计准则的实施，以公允价值计量且其变动计入其他损益的资产，产生的收入被计入其他非息收入的分类，人为地降低了非息收入占比的含金量。这是因为这些其他非息收入多数是和风险资产相关联的。

所以，笔者建议投资者应该关注手续费收入占比，甚至是“真”手续费收入占比。手续费收入占比屏蔽了交易类金融资产的买卖收入等其他非息收入对指标的干扰，“真”手续费收入占比进一步扣除了信用卡分期手续费对指标的粉饰。

不良率、不良偏离度

银行是一个高杠杆行业，十倍的杠杆经营就意味着不良率每增加一个百分点，对应的可能损失就会被放大十倍。所以，在考察银行优劣的时候，除了考察它们的盈利能力，还有一个重要的考察点，就是银行的资产质量。一般投资者在观察银行资产质量的时候常用的指标就是不良率，不良率=不良贷款余额÷贷款余额。不良率实际上是银行资产质量的一个“时点快照”，而实际上不良的生成、迁移和处理是一系列动态的过程，如果只看不良率这一个指标就很难对银行的资产质量作出全面的评估。关于不良贷款的生命周期，本书6.2.4小节中已经阐述，这里不再赘述。

除此以外，不良率这一指标还有一个问题，就是有些银行会利用规则掩盖不良贷款。我国现行的贷款五级分类中，后三项被归为不良，在不良和正常贷款之间还有一级是关注贷款。有些银行就是利用关注贷款大打擦边球，比如将不良贷款放在关注贷款中，所以，有经验的银行股投资者将关注贷款戏称为不良贷款的“蓄水池”。表面上不良率相差不大的两家银行，实际资产质量可能相差甚远。为了进一步识别银行的资产质量，投资者可以考虑参考两个新指标：广义不良率和不良偏离度。

所谓广义不良率就是不良率加上关注率，这样可以防止银行在关注贷款中隐藏不良贷款。不良偏离度的含义和使用可参考 6.2.5 小节。

关于不良贷款覆盖率和拨贷比的说明参考 6.2.6 小节，这里就不再赘述了。

成本收入比

成本收入比是银行营业费用与营业收入的比率，反映银行每一单位的收入需要支出多少成本。该比率越低，说明银行单位收入的成本支出越低，银行获取收入的能力越强。因此，成本收入比是衡量银行盈利能力的重要指标，成本收入比 = 营业费用 ÷ 营业收入 ×100% 。

但是笔者不建议将成本收入比这一指标作为一线指标使用，这是因为这个指标对于银行并不是关键性的指标，而且对于银行分部业务的表现差异巨大。一般来说对公业务占比高的银行，成本收入比就比较低；而零售业务占比高的银行，这个指标就偏高。这其实很容易理解，对公业务单笔金额大，牵涉人员少，获利总额大，成本低；零售业务恰恰相反。

核心一级资本充足率

核心一级资本充足率这一指标是一个非常容易被投资者忽略的重要指标。之所以容易被投资者忽略，是因为表面上看这个指标不直接和净利润增速挂钩，每年变化也不大。但是，这个指标对于银行非常重要，如果把银行比作一辆汽车，那么资本充足率就相当于油表的警告线，一旦低于该线就必须“加油”——补充资本金，否则只能“降速”或“停车”——降低扩表速度或者缩表。

银行再融资的频率以及分红的比率等都和核心一级资本充足率有着千丝万缕的联系。

8.3.2 评估银行的核心指标——风险加权资产收益率（RORWA）

前面的小节中，笔者给大家介绍了一些评估银行优劣的常见专用指标。但是，对于读者来说，面对一堆指标难免让人无所适从。那么，有没有一个专用于评估银行优劣的核心指标呢？答案是肯定的，确实存在这么一个指标。

RORWA 的计算

大家都知道银行是高杠杆行业。其实，银行的总资产收益率（ROA）是很低的，平均只有1%左右。银行的盈利完全是依靠杠杆来提高的。为了防止银行杠杆倍数过高，监管部门专门引入了资本充足率来限制银行的“野蛮”扩张。

资本充足率是一个银行资本总额对其风险加权资产的比率。在总资本不变的情况下，提高资本充足率势必造成银行压低风险加权资产；或者在保持风险加权资产不变的情况下，银行需要提高资本总额来达标。对于普通投资者来说，缩表往往意味着净利润停滞不前，而融资往往意味着每股收益被摊薄。所以，如何从众多银行中找到受资本充足率影响最小的银行，成为投资者普遍关注的问题。这里有一个技巧，就是从风险加权资产收益率的角度去考察银行。风险加权资产的计算和使用参见前文6.1.1和6.1.2两部分。

所以对于银行来说，在未来严格监管资本消耗的情况下，如何利用最少的风险资产赚取最多的利润，就成为衡量银行优劣的重要指标。这一指标就是风险加权资产收益率（RORWA），其计算公式为：RORWA = 净利润 ÷ 风险加权资产。但是，很遗憾的是，目前银行披露的财报中并未披露这一数据，所以投资者需要自己来计算。

银行间的横向对比

在表8.1中，笔者使用了归属母公司净利润和风险加权资产进行了相关的计算，所选择的对象是最有代表性的4大国有银行和5家股份制银行。

表 8.1　各家银行近 3 年的 RORWA

银行名称	2019 年			2018 年			2017 年		
	归母净利润（亿元）	风险加权资产（亿元）	RORWA（%）	归母净利润（亿元）	风险加权资产（亿元）	RORWA（%）	归母净利润（亿元）	风险加权资产（亿元）	RORWA（%）
工商银行	3122.24	186168.86	1.68	2976.76	171909.92	1.73	2860.49	159028.01	1.80
农业银行	2120.98	154853.52	1.37	2027.83	137128.94	1.48	1929.62	126055.77	1.53
中国银行	1874.05	141239.15	1.33	1800.86	128415.26	1.40	1724.07	121577.71	1.42
建设银行	2667.33	150532.91	1.77	2546.55	136594.97	1.86	2422.64	129199.80	1.88
招商银行	928.67	38637.60	2.40	805.60	35304.24	2.28	701.50	32918.16	2.13
浦发银行	589.11	47313.54	1.25	559.14	43118.86	1.30	542.58	40844.99	1.33
民生银行	538.19	51170.26	1.05	503.27	46562.86	1.08	498.13	43402.62	1.15
兴业银行	658.68	51233.62	1.29	606.02	47343.15	1.28	572.00	43172.63	1.32
平安银行	281.95	27844.05	1.01	248.18	23402.36	1.06	231.89	22261.12	1.04

首先，通过横向对比不难发现，在 2019 年数据优秀的是招商银行、建设银行和工商银行，而相对较差的是平安银行、民生银行和浦发银行。其次，新五大行（工、农、中、建、招）的 RORWA 整体上要高于其他的股份行。其中，4 大行主要依赖于其继承的雄厚资本（大量的网点和客群），而招行能够在竞争中独占鳌头，依靠的是卓越的战略布局和高品质服务吸引的高净值客群。最后，可以发现在选出的 9 家银行中，2019 年 RORWA 相比 2017 年提高的只有招商银行一家；下降最多的是农业银行，掉了 16 个基点，然后是工商银行，掉了 12 个基点。

银行间的纵向对比

除了范围较大的横向对比外，我们还可以选择少数几家股份行，比较它们在较长时间内的 RORWA，看看这些银行在我们所选取的经济周期的表现，如表 8.2 和图 8.6 所示。

表 8.2　2014—2017 年 5 家股份行的 RORWA 比较（%）

银行	2014 年	2015 年	2016 年	2017 年
招商银行	1.93	1.80	1.84	2.13
浦发银行	1.77	1.64	1.38	1.33

续表

银行	2014 年	2015 年	2016 年	2017 年
民生银行	1.70	1.38	1.15	1.15
兴业银行	1.62	1.46	1.42	1.32
平安银行	1.43	1.32	1.11	1.04

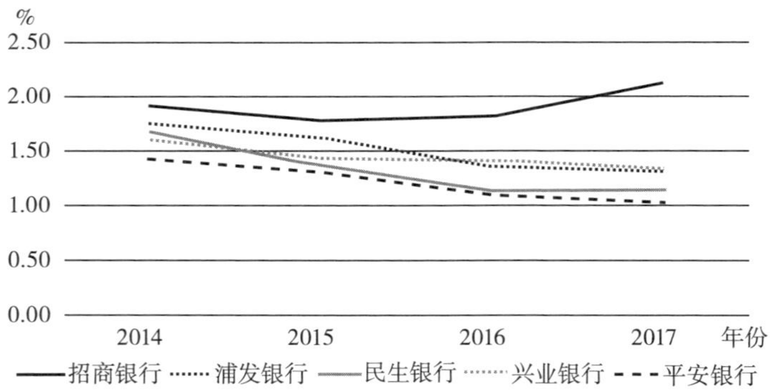

图 8.6　2014—2017 年 5 家股份行的 RORWA 变化

从“招、浦、民、兴、平”这 5 家股份银行 2014—2017 年的 RORWA 数据看，招行的数值一直优于其他 4 家，而且这一优势在 2016 年开始一直在扩大。招行的低点出现在 2015 年的 1.80%，2017 年的 2.13% 已经超过了 2014 年的 1.93%；而其他 4 家股份行的 RORWA 在这 4 年中的最高值出现在 2014 年，其后一直在下降。

综合前面的数据分析，无论是银行业内的横向对比还是股份行中的长周期对比，都表明招行的 RORWA 指标优势越来越明显。通过 RORWA 指标可以明显地区分银行之间的优劣。

8.3.3　筛选银行的黄金法则——内生性增长

银行板块作为 A 股当之无愧的权重老大哥，最近几年一直饱受争议，从向实体经济“吸血”太多到业绩造假，从隐藏不良到分红不如“抽血”多，从只懂靠息差挣钱到手续费收费太多，林林总总不胜枚举。其中，很多说法是相互矛盾的，让人哭笑不得。与之伴随的是银行最近五六年估值一直受到严重的压制，整个银行板块的平均市净率还不到 1。

总体来看，银行处于一种全行业被严重低估的状态。不过，我们也能很容易地发现，在银行中的估值分化最近两年也愈发明显。有的银行市净率接近 0.7，但是有的银行市净率 1.5，可谓天壤之别。那么，投资者如何理解这种估值的分化呢？笔者给大家分享一下筛选银行的一条黄金法则——内生性增长。

内生性增长的判别标准一：核心资本充足率

内生性增长本身不是一个明确的会计指标，而是一种银行经营的状态——不依赖于外部股权融资的情况下，银行能够持续经营并且保持对股东的回报持续增长。只有具备内生性增长的银行才能持续给股东以现金回报，而那些不具备这一能力的银行，基本上隔一段时间就需要进行股权融资。如果采用配股的形式，那么就相当于从股东手中圈钱；如果是定向增发，也会摊薄股东手中的权益。那么如何才能找到处于内生性增长状态的银行呢？主要看两个指标：第一个是在不进行股权融资的情况下，其核心资本充足率是否能振荡攀升；第二个是看一家银行在一段时间的净派现能力（分红金额 - 融资金额）。笔者选取了国内投资者关注较多的 6 家银行（包括建设银行、招商银行、浦发银行、民生银行、兴业银行、平安银行），看一下各家银行的情况。

如图 8.7 所示，笔者选取了从 2014 年年报（2014H2）到 2018 年中报（2018H1），这 6 家银行的核心一级资本充足率。之所以选择核心一级而不是一级资本充足率，主要是规避永续债、优先股等固定派息类的资本补充工具对分析的干扰。从图中可以看出，这 6 家银行中有 2 家的资本充足率是持平或略降的，即民生银行和平安银行，而且平安银行进行了一次股权增发。剩下 4 家银行中，招商银行和建设银行核心资本充足率的提升较为明显。而浦发银行和兴业银行表面上看核心资本充足率有所提升，但是实际上这两家在统计周期内分别进行了增发，其中浦发银行在 2016 年 3 月和 2017 年 9 月进行了两次股权增发，兴业银行在 2017 年 4 月进行了一次股权增发。

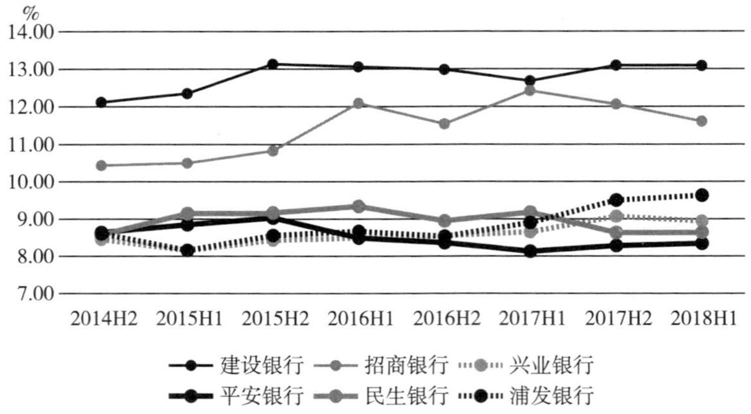

图 8.7　部分银行的核心资本充足率

注：H2 指年报，H1 指半年报。

长期跟踪银行股票的投资人应该很清楚：平安银行、浦发银行在 2019 年进行了可转债的再融资，其中平安银行已经实施完毕。虽然可转债表面上看是补充了二级资本，但是通常来讲基本上所有的可转债最后都完成了转股。所以，可以认为这 2 家银行在 2019 年又进行了股权融资。

内生性增长的判别标准二：净派现能力

除了观察核心资本充足率外，通过净派现能力也可以从另一个角度观察各家银行的内生性增长能力。从表 8.3 可以看出：招商银行和建设银行近几年不仅没有进行股权融资（优先股除外），而且能保持持续稳定的现金分红，其中招行更是保持了现金分红的环比持续增长。民生银行虽然没有进行股权融资，但是其分红能力在 2017 年出现了环比“腰斩”。兴业银行进行了一次股权融资，但是分红还是稳定提升的，而且覆盖了融资金额。浦发的现金分红能力每况愈下，4 年来派现和股权融资金额基本相同。表现最差的是平安银行，不仅现金分红能力差，而且累积 4 年的现金分红还抵不过一次融资。最关键的是，在图 8.7 中，平安银行是 6 家中唯一的核心资本充足率 2018H1 数据低于 2014H2 数据的银行，而且平安银行 2019 年 1 季度又进行了可转债融资。可以毫不客气地说，平安银行几乎没有为股东创造任何价值，只是在不停地“吸血”。

表 8.3　部分银行的净派现能力

银行	2014 年分红（亿元）	2015 年分红（亿元）	2016 年分红（亿元）	2017 年分红（亿元）	2015—2018 年累计股权融资（亿元）	2015—2018 年净派现（亿元）	总股本（亿）	2015—2018 年累计每股净派现（元）
建设银行	752.53	685.03	695.03	727.53	0	2860.12	2500.11	1.14
招商银行	168.97	174.02	186.63	211.85	0	741.47	252.2	2.94
兴业银行	108.6	116.22	126.72	135.03	258.94	227.63	207.74	1.10
平安银行	19.88	21.89	27.13	23.35	99.4	-7.15	171.7	-0.04
民生银行	63.18	85.74	102.16	54.73	0	305.81	437.82	0.70
浦发银行	141.21	101.21	43.24	29.36	311.69	3.33	293.52	0.01

内生性增长的判别标准三：RORWA

那么究竟是什么造成了各家银行如此大的差距呢？其实很简单，原因在于各家银行单位风险资产的获利能力不同。2008 年之后，全球为了防范金融危机，在巴Ⅲ中大幅提高了对银行资本金充足率的要求。提高资本金充足率最大的作用是增加银行抵抗风险的能力，但是其副作用是降低了银行经营的杠杆倍数，这就使原来那些习惯了依靠规模扩张提升利润的银行“玩”不下去了。单位风险资产的获利能力往往决定了一家银行是否具有内生性增长的潜质，而衡量单位风险资产获利能力的指标就是风险加权资产收益率（RORWA）。

关于风险加权资产收益率的定义以及好处笔者在前文已经介绍过，这里就不再赘述。

如果一家银行的 RORWA 较高，那么这家银行就具备较高内生性增长的潜力，反之同理。而且相较于大家日常使用的总资产收益率（ROA），RORWA 的反应更敏感。如图 8.8 和图 8.9 所示，2014—2017 年，建设银行和招商银行无论是 RORWA 还是 ROA 都表现亮眼，RORWA 指标在 2016 年就显示招商银行形成了拐点，而 ROA 指标要滞后 1 年。在这两张图中表现最差的依然是平安银行，这和前面的分析结果完全吻合。

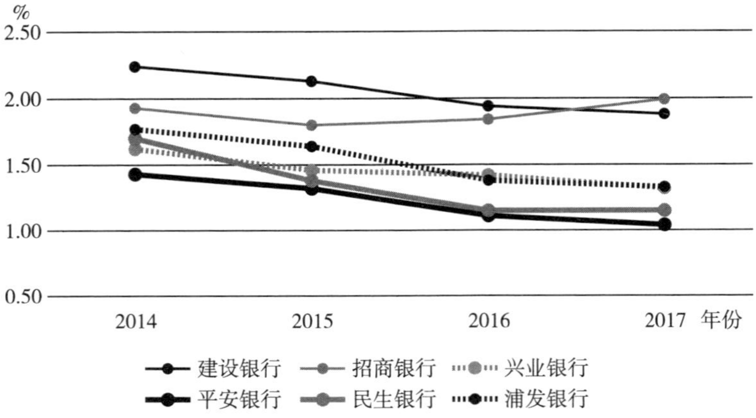

图 8.8　2014—2017 年部分银行的 RORWA 数据

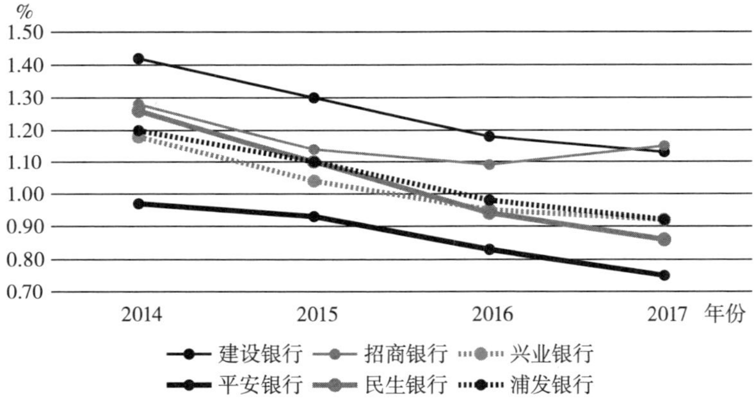

图 8.9　2014—2017 年部分银行的 ROA 数据

8.3.4　RORWA 和内生性增长的关联

内生性增长一直是笔者考察银行的黄金准则。如果单从核心一级资本充足率变动上来评估银行的内生性增长，有时候会受到银行再融资的干扰。所以，笔者就想找一种更直观的方法来定量地评估内生性增长，并最终选中了 RORWA 指标。

之所以选择 RORWA，是因为计算 RORWA 中的净利润和风险加权资产这两个因子和核心一级资本充足率有密切的联系。核心一级资本充足率 = 核心一级资本 ÷ 风险加权资产，而净利润扣除分红后的未分配利润全部计入核心一级资本。

核心一级资本充足率和 RORWA 的关系

那么核心一级资本充足率（以下简称“核充率”）和 RORWA 到底有什么关系呢？笔者分别选取了 3 个不同的场景，看看在风险资产增速为 10% 的前提条件下，RORWA 需要达到多少才能维持核心一级资本充足率不下降。

场景一：核充率 10%，分红率 30%。这个场景类似于国有大行。

场景二：核充率 8.5%，分红率 30%。这个场景类似于优质股份行。

场景三：核充率 8.5%，分红率 20%。这个场景类似于平庸股份行。

通过调整 RORWA 的数据，可以保证 3 个场景的核心一级资本充足率不降低，如表 8.4 所示。可以看到场景一需要的 RORWA 是 1.43%，场景二需要的 RORWA 是 1.22%，场景三需要的 RORWA 是 1.06%。所以，可以总结出如下规律：

（1）相同的风险资产增速下，核充率越高，维持所需要的 RORWA 越高。

（2）相同的风险资产增速和核充率条件下，分红率越低，所需要的 RORWA 越低。

表 8.4　3 个不同场景的 RORWA 要求

场景一	风险加权资产（亿元）	核充率（%）	RORWA（%）	净利润（亿元）	分红率（%）	未分配利润（亿元）
第一年	40000	10.00	1.43	572	30	400.4
第二年	44000	10.00	1.43	629.2	30	440.44
第三年	48400	10.00	1.43	692.12	30	484.484
场景二	**风险加权资产（亿元）**	**核充率（%）**	**RORWA（%）**	**净利润（亿元）**	**分红率（%）**	**未分配利润（亿元）**
第一年	40000	8.50	1.22	488	30	341.6
第二年	44000	8.50	1.22	536.8	30	375.76
第三年	48400	8.51	1.22	590.48	30	413.336

续表

场景三	风险加权资产（亿元）	核充率（%）	RORWA（%）	净利润（亿元）	分红率（%）	未分配利润（亿元）
第一年	40000	8.50	1.06	424	20	339.2
第二年	44000	8.50	1.06	466.4	20	373.12
第三年	48400	8.50	1.06	513.04	20	410.432

有了上面的定性分析，我们再做一下定量分析。假设银行的风险加权资产为 A，增速为 Ta，核充率为 H，$RORWA$ 为 R，分红率为 p，那么，为了保持核充率不变，R 为多少？根据条件有方程：

$$[A\times H+A\times R\times(1-p)]/[A\times(1+Ta)]=H$$

$$[H+R\times(1-p)]=H\times(1+Ta)$$

$$H+R\times(1-p)=H+H\times Ta$$

$$R=(H\times Ta)/(1-p)$$

所以结论就是，R 和核充率、风险资产增速成正比，和（1－分红率）成反比。将这个公式代入场景三验算：

$$H=8.5\%,\ Ta=10\%,\ p=20\%$$

$$R=(0.085\times0.1\div0.8)\times100\%=1.0625\%$$

可见，计算公式和实际调出来的结果完全相同。下一步，笔者继续调出 2019 年年报的数据进行实际演算。选取的演算对象为招商银行和民生银行，演算的数据如表 8.5 所示。

表 8.5　招商银行和民生银行数据核算结果（%）

项目	招商银行	民生银行
风险加权资产增速	9.44	9.90
2018 年核充率	11.78	8.93
分红率	30	30
需要的 RORWA 底线	1.59	1.26
2019 年实际的 RORWA	2.40	1.05
2019 年核充率	11.95	8.89

通过表 8.5 不难看出，根据公式，两家银行为了保持核充率不下降所

需要的 RORWA 底线分别为：招商银行 1.59%，民生银行 1.26%。而 2019 年两家银行的实际 RORWA 分别为：招商银行 2.40%，民生银行 1.05%。由此可见，民生银行的 RORWA 是不满足底线要求的。2019 年民生银行的核充率同比是下降的，这个结果和计算后判断的结果一致。

上面的演算证明了这种计算方法的有效性，所以，投资者可以通过这种办法判断银行是否满足内生性增长的要求。如果你不想总是被增发摊薄收益，那么在投资的时候尽量挑选 RORWA 值较高的银行。

9 家银行的对比分析：招商银行一枝独秀

RORWA 作为评价银行的核心指标，一直以来都是笔者监控的重点，这是因为 RORWA 能说明一家银行在持有等量风险资产的前提下，谁能创造更多的净利润。根据之前的论述，RORWA 越高，银行内生性增长的能力越强，分红的能力也就越强。

笔者选取了 9 家大中型银行作为考察对象，从 2016—2019 年年报中抽取数据，计算得到如图 8.10 所示的“主要银行的 RORWA”。在图 8.10 中可以看到，招商银行 2019 年的 RORWA 已经达到了 2.4%，是最低的平安银行数据的 2 倍还要多。第二梯队是建行和工行，数据在 1.5% ~2%。在所有 9 家银行中，只有招商银行的数据是逐年上升的，而兴业在 2019 年的数据同比 2018 年提升了 1 个基点，从 1.28% 提升到了 1.29%。

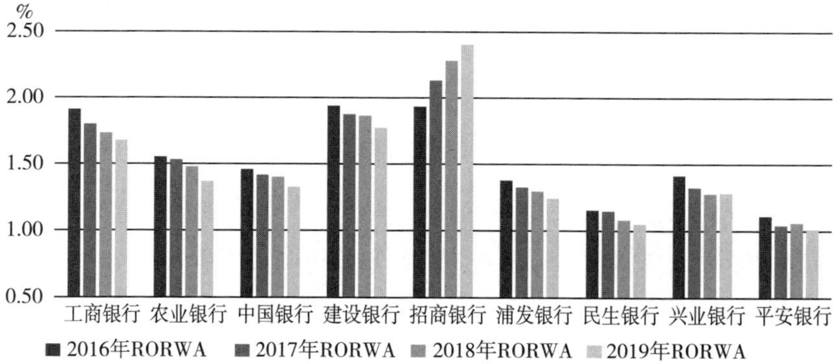

图 8.10　主要银行的 RORWA

我们知道，RORWA = 净利润 ÷ 风险加权资产，所以想取得更高的数值，就需要银行在提升净利润的同时降低风险加权资产。招商银行在这两方面都做得非常好。其中衡量风险加权资产的一个指标就是风险加权资产占比（风险加权资产 ÷ 总资产），这个比值越低，说明银行的资产消耗风险资本金比例越少。同样是用 9 家大中型银行的数据，风险资产占比如图 8.11 所示。

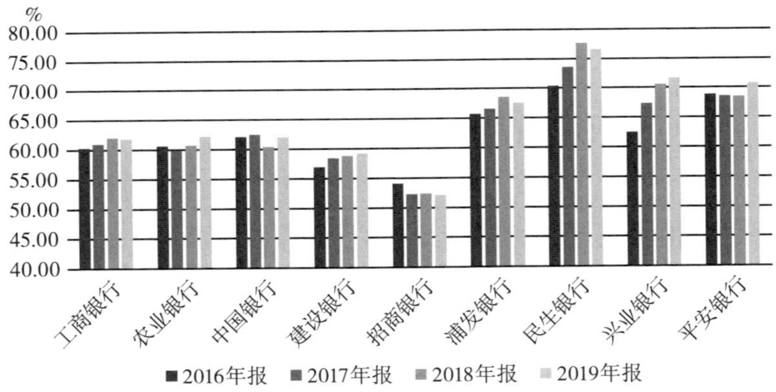

图 8.11　主要银行的风险资产占比

从图 8.11 中不难看出，招商银行的风险资产占比是所有银行中最低的，2016—2019 年一直在 50% ~55%，而且是逐年小幅下降的。国有四大银行 2019 年比值在 60% 左右，形成了第二梯队。第三梯队就是剩下的股份制银行，这一比例大致在 70% 左右。数据如此泾渭分明，一个可能的原因就是部分银行的风险加权资产计量采用了高级法。四大国有行和招行都已经施行了高级法。采用高级法，对于零售业务占比高、自身资产质量好的银行，在计算风险资产权重的时候，可以根据自身的实际违约率适当降低权重系数。

以 2019 年的数据为例，招商银行的总资产是 74172.4 亿元，而风险加权资产只有 38637.6 亿元；而同样总资产破 7 万亿元的兴业银行，其风险加权资产已经超过 5 万亿元，高出招行 1 万多亿元。

除了风险加权资产比例较低以外，招行利用相同风险资产挣钱的能力也是其他银行望尘莫及的。笔者以 2019 年的营收细节数据为基础，再按照各家银行的风险加权资产做归化得到表 8.6。

表 8.6　2019 年 9 家银行主要损益项对 RORWA 指标的贡献度

银行名称	2019 年风险加权资产（亿元）	扣除信用成本后净利息收入贡献度（%）	手续费和佣金收入贡献度（%）	其他非息收入贡献度（%）	费用支出贡献度（%）	所得税贡献度（%）	总计（%）
工商银行	186168.9	2.30	0.84	0.50	1.53	0.43	1.68
农业银行	154853.5	2.25	0.56	0.35	1.43	0.35	1.37
中国银行	141239.2	1.93	0.63	0.60	1.39	0.45	1.33
建设银行	150532.9	2.31	0.91	0.38	1.44	0.40	1.77
招商银行	38637.6	2.90	1.85	0.65	2.37	0.63	2.40
浦发银行	47313.54	1.14	0.85	0.45	0.98	0.23	1.25
民生银行	51170.26	0.69	1.02	0.59	1.03	0.26	1.05
兴业银行	51233.62	0.88	0.97	0.56	0.95	0.17	1.29
平安银行	27844.05	1.13	1.32	0.40	1.55	0.29	1.01

首先需要解释的是“扣除信用成本后净利息收入贡献度”，这一指标用以反映银行在扣除了信用成本后的单位风险资产能够产生的净利息收入。计算方法为：（净利息收入 - 信用减值损失）÷ 风险加权资产。这样可以避免高息差覆盖高风险的模型带来的错觉。

从表 8.6 中可以看到，扣除信用成本后净利息收入贡献度这一指标各家银行差距巨大。最高的招商银行高达 2.90%，而最低的民生银行连招行的零头都不到，只有 0.69%。四大行和招行此项指标显著高于股份制银行，表明了这 5 家银行由于负债成本较低带来了低风险稳定收益。而其他 4 家股份制银行，虽然净息差比四大行低得并不多，但是信用成本显著偏高，蚕食了净利息收入。

在手续费和佣金贡献度上，依然是招商银行遥遥领先，其在这一项上的数据差不多是其他银行均值的 2 倍；中国银行和农业银行则显著偏低，说明这两家银行的客户黏性较差或者其客群的金融服务需求较少。

最后，在费用支出贡献度这一项，招行依然是最高的，这说明其营运费用是较高的（金融科技和人员薪酬方面的投入较大），也表明招行在金融科技方面正在加大投入力度。

通过对比 2019 年多家银行的 RORWA 数据（图 8.10）可以看出，招行在最近几年实施的“轻型银行”战略取得了巨大成功，帮助招行连续 4 年在此项最关键的核心指标上一骑绝尘，从而使其成为业内极少数可以实现内生性增长的银行。

前面解释了 RORWA 和内生性增长的关系，并且给出简化的计算公式，接着，笔者回顾了最近几年几家大中型银行的 RORWA 表现。可以非常清楚地看到，招商银行在这项核心指标上连续 4 年上升，同业则是逐年下降。

关于 RORWA 的几个重要问题

需要提醒读者注意的是，原有的公式推演中主要考虑的是广义未分配利润（含未分配利润、资本公积和一般风险准备）补充一级核心资本，实际上有些银行的一级核心资本细项中会受到“其他”项大幅变动的干扰。比如 2019 年建行的年报，按说建行的 RORWA 是没法支持一级核心资本充足率同比增加的，但是由于其“其他”项增幅过大，所以最终核心一级资本充足率还是做到了同比增长。下面我们利用前面的认知和数据来分析一些常见的问题。

第一，银行的核充率是否可以无限制地提高？

很显然，答案是不能。根据公式，核充率越高，维持相同的风险资产增速和分红率所需要的 RORWA 就越高，而提升 RORWA 并非一件容易的事情。所以，所有的银行资本充足率从低位开始上行，当到达一定高度后会稳定在该高度并保持振荡（平衡态），而振荡的幅度和 RORWA 成正比，和（1 - 分红率）成正比，和风险资产增速成反比。所以，所谓内生性增长是一个相对概念，相对于监管要求的核充率标准来说，如果 RORWA 可以保证银行核充率的平衡态高于监管要求，那么这就是内生性增长的状态。

第二，兴业银行为何不像其他银行那样将分红率提升到 30%？

这个问题其实很有意思，2019 年兴业银行的资产质量和基本面表现要好于民生银行和浦发银行，但是，最终兴业银行的分红率没有超过民生银行和浦发银行。这令很多兴业银行的“粉丝”不能理解。现在，我们换个视角。已知兴业银行的核充率为 9.47%，2020 年银行的资产增速是近几年较高的，估计要达到 10%，分红率为 24%，2019 年的 RORWA 是 1.29%。代入上文的公式可以计算出，兴业银行如果要保持资本充足率不下降，那么 RORWA 需要达到 1.25%。但是，如果把分红率提升到 30%，那么需要的 RORWA 就要达到 1.35%。所以，我们可以认为，兴业银行的高管在没有把握搞定外部资本补充的前提下选择了稳健发展。而浦发银行由于已经完成了可转债的发行，所以大比例分红是有利于促进转股的。至于民生银行，我只能认为这叫“打肿脸充胖子”了。

第三，未来两年（2020 年、2021 年）主流银行里，哪些可以在没有外部资本补充的情况下维持核充率？①

实际上我们在之前已经计算过了，招行是完全没有问题的。至于建行，分红率 30%，风险资产增速假设 10%，核心一级资本充足率 13.88%，计算出所需要的 RORWA 大概在 1.98%，而 2019 年建行的 RORWA 只有 1.77%，按照 2020 年的宏观经济态势看，建行 2020 年的 RORWA 应该会继续下降。所以，估计建行 2020 年的核充率可能会下降。而其他 3 家国有大行 RORWA 还不如建行，所以核充率下降估计难以避免。股份行中除了招行外，采用低分红策略的兴业也有可能实现核充率不下降，其他银行 2020 年的核充率下降几乎无法避免。所以，银行对于核心一级资本的补充会成为必然的需求。这个需求的解决在前文已经讨论过了，这里不再赘述。

第四，银行如何才能提升 RORWA？

这个应该算是直击灵魂的“拷问”了。一直以来的分析都指出 RORWA 是非常重要的银行考核指标，对于银行的估值和内生性成长都具有决定性作用。所以，相信每一家银行的掌舵人都希望提升这一指标。但是很

① 本部分写于 2019 年，主要目的在于展示使用指标进行分析时的逻辑推演过程。

遗憾，这个指标提升起来非常困难。根据前文中的数据不难看出，招商银行之所以在这个指标上一骑绝尘，最主要的贡献是：扣除信用成本后净利息收入贡献度，手续费和佣金收入贡献度。

扣除信用成本后净利息收入最终反映的实际是银行的负债成本控制能力。在银行的原有考察体系中，净息差是常见的考察指标。但是，单纯的净息差容易忽略资产质量带来的隐患。比如同样是净息差2.5%，招行可能资产平均收益只有4.4%，负债成本1.9%；而平安银行可能是资产平均收益5.4%，负债成本2.9%。从净息差上看二者一样，但是金融行业的常识就是高利率对应高风险。虽然两家银行的净息差相同，但是两者承担的风险完全不同。扣除了信用风险成本后，二者的差距是巨大的。所以，只有负债成本管控能力强的银行，这一项才能获得比较好的表现。

手续费和佣金收入贡献度实际上是反映了银行对于客户的黏性。如果不考虑信用卡分期手续费的收入，手续费和佣金主要依赖银行给客户提供金融服务的种类和服务质量，只有那些客户黏性好的银行这一项才能得高分。

所以，通过上面的分析不难看出，一家银行的竞争力最终体现在它给客户提供服务的品质，以及满足客户金融需求的能力。

第9章

如何看银行的财报

银行业被投资者公认为最难弄懂的子行业之一，这主要是由银行业的行业特性决定的。银行业没有原料，没有库存，没有大量的生产机器；银行业的主要指标并不是评估企业时常见的负债率、周转率、毛利率等。那么，银行股投资者到底应该如何看银行的财报呢？

9.1 资产负债表

阅读银行资产负债表的重点不在总表上，而是在各个分项内。在资产端投资者应主要关注的是：总量、贷款/垫款、金融投资；在负债端主要关注的是：总量、存款、同业拆借、应付债券。

资产端

1. 资产总量

资产总量主要关注总资产的余额增速和资产的分布。总资产余额的同比和环比增速需要投资者自行计算。由于银行的生息资产和总资产的比例是相对稳定的，所以总资产的增速可以在一定程度上反映生息资产的增速。生息资产规模的大小决定了银行净利息收入的表现。另外，总资产增速还和银行的资本充足率呈负相关。所以，总资产的增速既不能太高也不能太低。

关于资产分布投资者需要关注贷款占比和金融投资占比。相对来说对贷款的监管更严格，信息披露也更全面；金融投资，特别是其中的应收账款类投资，信息披露不够透明。

2. 贷款/垫款

贷款/垫款主要关注的是贷款的资产质量和贷款在行业中的分布。贷款资产质量的相关数据在资产负债总表中并未披露，需要到年报的附注中去查找贷款五级分类、逾期贷款等相关内容。贷款的行业分布，主要关注每个行业中的贷款余额和不良率情况，然后将不同银行的数据进行横向对比，或者将同一银行进行纵向对比。

以2016年年报为例，招商银行在贷款行业分布方面，采矿业不良贷款大幅暴露，不良率达到16.5%，同时招行对于采矿业的贷款进行了压降，如表9.1所示。同一年，平安银行的年报中，采掘业的不良率只有1.04%。表面看，平安银行在采掘业的资产质量看起来更好。但是，实际上我们知道，行业面临困境时不可能出现如此大的偏差，所以真相就是平安银行在掩饰采掘业不良贷款的真实情况。随后几年的数据则充分验证了这一推断，2017—2019年平安银行采掘业的不良率依次为：3.78%、2.19%、13.55%。

表9.1　2016年招商银行不良贷款（分行业）

	2016年12月31日				2015年12月31日			
	贷款金额	占总额百分比%	不良贷款金额	不良贷款率%	贷款金额	占总额百分比%	不良贷款金额	不良贷款率%
	（人民币百万元，百分比除外）							
公司贷款	1,566,570	48.03	45,719	2.92	1,507,770	53.39	34,333	2.28
制造业	297,442	9.12	18,970	6.38	332,147	11.77	15,238	4.59
批发和零售业	228,751	7.01	10,589	4.63	251,373	8.90	10,279	4.09
房地产业	227,564	6.98	2,292	1.01	213,080	7.54	1,174	0.55
交通运输、仓储和邮政业	193,829	5.94	1,587	0.82	159,349	5.64	1,387	0.87
建筑业	84,673	2.60	1,671	1.97	101,270	3.59	772	0.76
电力、热力、燃气及水生产和供应业	108,669	3.33	1,088	1.00	112,337	3.98	78	0.07
采矿业	49,479	1.52	8,163	16.50	58,308	2.06	3,923	6.73

资料来源：招商银行2016年年报。

3. 金融投资

金融投资主要包含三大类资产：交易类金融资产、债权投资和其他债权投资。其中，投资者需要重点关注的是债权投资中非标资产的占比。所谓非标资产，就是非标准债权资产的简称，指未在银行间市场和证券交易所市场交易的债权资产，早期的存在形式包括信托受益权、信托贷款和信用资产。由于非标资产没有公开市场的报价，所以其价值、收益率和资产质量不透明。

以兴业银行 2019 年的年报为例，债权投资中信托计划及资产管理计划余额高达 6657 亿元，占全部债权投资的 46.1%，占整个生息资产的 10.7%。这还是经过连续两年压降后的结果，在 2017 年峰值时，兴业银行的非标类资产占比更高。

负债端

1. 负债总量

负债总量和资产总量类似，主要关注总负债的增速和不同负债的分布。这里提一点关于银行业的负债率问题。笔者曾经看到不少精于分析制造业的投资者，最初分析银行财报的时候，上来就以负债率超过 90% 为由把银行归类为高风险企业。笔者对此只能一声叹息，这种认知绝对是由于不懂银行业造成的。银行业本身就是一个需要高杠杆来营运的行业，如果没有高杠杆的支撑，公司和个人拿到的贷款利率就不是几个点而是十几个点甚至几十个点。所以，负债率这个指标对于银行是无意义的，投资者只需要考察核心一级资本充足率即可。

负债的分布主要看同业负债占比的高低。银行的负债主要有 3 个来源：存款、同业负债和央行借款。相比存款和央行借款，同业负债的成本波动更大，而且通常远高于前两者。所以，同业负债占比越高，往往这家银行的负债成本就越高。从 2017 年开始，监管机构就已经要求国内的银行同业负债占比不得超过总负债的 1/3。

2. 存款

存款主要关注的就是活期占比。在存款中活期存款的利率通常远低于定期存款，而且基本不随加息或减息变动。所以，活期占比越高的银行，存款的总体成本也就越低。另一个需要关注的就是活期和定期存款的利率变化。通常来讲这种变化是渐进的，但是有时候发生突变，往往意味着某些银行的基本面发生重大变化。

以2018年的农业银行为例，笔者在2019年初阅读了农业银行2018年年报后，发现其零售存款成本发生异常飙升。最终，问题的根源来自农行搞的“活利丰”存款靠档计息产品，这一产品使农业银行的个人活期存款成本大幅飙升。农业银行的零售活期占全部存款的30%，这款产品使活期成本抬升39个基点，接近翻倍，相当于全部存款成本提升了12个基点。对于存款高达18万亿元的农业银行，全部存款成本提升12个基点，相当于多支付了210亿元的存款利息。笔者当时发文对其年报进行分析时就指出，这一产品会极大削弱农业银行在负债端的优势，建议大家短期回避农业银行。结果2019年农业银行在全年的小牛市中基本原地没动，涨幅在银行股中也偏小。

3. 同业拆借/同业存单

同业拆借和同业存单都是同业负债。其中，同业存单在资产负债表的应付债券科目下。同业拆借包括如下3个科目：拆入资金、同业和其他金融机构存放款项、卖出回购金融资产款。同业负债主要关注占比以及同业负债的成本。

虽然都是同业负债，但是其中有主动型同业负债和被动型同业负债之分。所谓主动型同业负债，是指银行主动发起的同业拆借负债，一般特点是久期较长，付息成本较高。被动型同业负债，是指由于其他金融机构在本银行开立结算账户存留的结算金，特点是多为同业活期，付息成本多参考隔夜拆借利率。从财报上无法直接看出银行被动型同业负债的占比，但是投资者可以通过同业拆借的成本发现差别。以招商银行和兴业银行2019年年报为例，见表9.2。

表9.2　2019年招商银行与兴业银行同业拆借对比

银行	同业拆借平均余额（亿元）	平均成本率（%）	占比（%）
招商银行	8432.93	2.26	13.39
兴业银行	15817.87	2.83	25.32

9.2 损益表

对于银行的损益表（利润表）投资者主要关注：营收总量、净利息收入、手续费收入、其他非息收入、信用减值损失等项目。营运费用本身一般变化不大，不需要特别关注。

营收总量

在损益表里首先需要关注的就是营收的同比增速。营收是银行处理不良资产的坚实后盾，是银行利润的源泉。虽然银行可以通过减值损失进行“以丰补歉”，但是长期看银行必须保持一定的营收增长。另外，银行是可以通过各种手段调节营收各分项比例的，例如，通过把信用卡分期手续费计入手续费收入或者通过配置交易性金融资产获取买卖差价，增加非利息收入。不管银行怎么调配各分项之间的营收，总营收的增长是很难调整的。

净利息收入

净利息收入在我国银行业营收中占据主要地位。多数银行净利息收入占比超过六成，甚至有个别银行超过八成。净利息收入的增长主要取决于两个驱动力：生息资产规模的增长和净息差的增厚。其中生息资产规模的增长基本同步于总资产规模的增长，所以，投资者主要应该关注净息差的变化。

净息差主要取决于银行的生息资产收益率和付息负债成本率，这部分的数据不在总表中体现，而是在银行中报和年报的净利息收入小节中列示，如表 9.3 所示。

表 9.3　2019 年招商银行净利息收入

（人民币百万元，百分比除外）	2019 年			2018 年		
	平均余额	利息收入	平均收益率%	平均余额	利息收入	平均收益率%
生息资产						
贷款和垫款	4,289,765	221,979	5.17	3,825,123	196,370	5.13
投资	1,335,247	48,902	3.66	1,278,915	48,267	3.77
存放中央银行款项	493,722	7,759	1.57	510,760	7,961	1.56
存拆放同业和其他金融机构款项	570,995	14,354	2.51	630,169	18,313	2.91
合计	6,689,729	292,994	4.38	6,244,967	270,911	4.34
计息负债						
客户存款	4,636,967	73,430	1.58	4,269,523	61,987	1.45
同业和其他金融机构存拆放款项	843,293	19,079	2.26	863,041	23,028	2.67
应付债券	504,241	17,631	3.50	340,151	4,530	4.27
向中央银行借款	300,662	9,207	3.06	348,093	10,982	3.15
租赁负债	13,605	557	4.09	不适用	不适用	不适用
合计	6,298,768	119,904	1.90	5,820,808	110,527	1.90
净利息收入	/	173,090	/	/	160,384	/
净利差	/	/	2.48	/	/	2.44
净利息收益率	/	/	2.59	/	/	2.57

资料来源：招商银行 2019 年年报。

手续费收入

手续费收入是银行非息收入的重要组成部分，主要包括银行卡手续费、结算与清算手续费、代理服务手续费、信贷承诺及贷款业务佣金、托管及其他受托业务佣金和其他。其中，银行卡手续费主要和银行卡刷卡有关，结算与清算手续费主要和电子支付及清算交易有关，代理服务手续费、托管及其他受托业务佣金和财富管理业务有关，信贷承诺及贷款业务佣金和信贷业务有关。

投资者主要关注手续费占比以及各个分项的同比表现即可。手续费各分项数据在银行中报和年报的非息收入小节中有体现。

其他非息收入

其他非息收入是总营收刨除利息收入和手续费收入以外的其他收入。其组成比较复杂，有联营企业的收入并表，有交易类金融资产的买卖收入，有以公允价值计量且其变动计入当期损益的价值变动差价等。所有这些收入里面唯一需要特别提醒的是，有保险经营牌照的银行，其名下的保费收入。

以工商银行 2019 年一季报为例，其他业务收入 370.05 亿元，而上年同期只有 142.49 亿元。但是，这部分的增长主要是保险业务收入增加造成的。由于保险业务和银行的损益记录方式不同，造成了这一差异。

以红利险为例，保险公司记录的收入包括收取的保费和用保费投资资产获得的利息收入或权益收入，而支出则为兑付给保险客户的保险金和红利。如果类比银行的话，就是把吸收的存款本金和放贷获取的利息收入都计入收入了，把存款到期支付给储户的本金和利息计为支出。其结果自然是严重放大了收入和支出，而对于银行真正有意义的是收入和支出的差额。

对比其他收入和其他支出的差额，工商银行 2018 年一季度其他业务收入 142.49 亿元，其他业务成本 148.21 亿元，净差额 -5.72 亿元；2019 年一季度其他业务收入 370.05 亿元，成本 336.3 亿元，净差额 33.75 亿元。所以 2019 年一季度实际有效营收增量是 39.47 亿元，而财报上的同比增量是 227.56 亿元，实际上是虚增了 188.09 亿元。

表 9.4　工商银行 2019 年一季度其他业务收入

单位：人民币百万元，百分比除外

项目	2019 年 1 至 3 月	2018 年 1 至 3 月	增减（%）	主要变动原因
投资（损失）/收益	(2,230)	2,678	(183.27)	指定以公允价值计量的金融负债向客户兑付的金额增加
公允价值变动净收益	6,029	254	2,273.62	以公允价值计量的金融资产估值收益增加

续表

项目	2019 年 1 至 3 月	2018 年 1 至 3 月	增减（%）	主要变动原因
汇兑及汇率产品净收益	371	1,392	(73.35)	外汇业务收益下降
其他业务收入	37,005	14,249	159.70	保险业务收入增加

资料来源：工商银行 2019 年一季报。

信用减值损失

信用减值损失是整个银行损益表中最容易受人为因素干扰的分项。关于信用减值损失和资产质量的关系，可以参考 6.2 小节。实际上，信用减值损失是银行调节利润最常见的手段，也是最有效的手段。当银行处在景气周期，可以通过多提减值损失压低净利润增速；而银行在不景气的环境，可以通过将储备的减值准备用于不良资产的核销，使利润不至于下滑过快。

所以，在投资者讨论银行净利润的时候，首先要考虑净利润的含金量，减值损失计提是否充足会影响财报中利润的含金量。以兴业银行 2017 年年报为例，该年受同业负债成本大幅提升影响，兴业银行的总营收负增长 10.89%，而同期的净利润增速居然达到了 6.22%。其中，最大的猫腻就是信用减值损失同比 2016 年大幅减少，从 2016 年的 512.76 亿元降低为 2017 年的 355.07 亿元。

另外，有一点需要提醒读者的是，不要把信用减值损失等同于银行的不良贷款减值损失。这两者之间是包含关系，信用减值损失包含了不良贷款减值损失。以招商银行 2019 年年报为例，如表 9.5 所示。招商银行的信用减值损失虽然比 2018 年增加了约 2 亿元，但是实际上贷款减值损失减少了约 50 亿元，多出的部分主要在金融投资减值损失上。

表 9.5　2019 年招商银行信用减值损失

（人民币百万元）	2019 年	2018 年
贷款和垫款	54,214	59,252
金融投资	6,481	1,176
应收同业和其他金融机构款项	(208)	(368)
表外预期信用减值损失	545	374

续表

（人民币百万元）	2019 年	2018 年
其他资产	34	395
信用减值损失合计	61,066	60,829

资料来源：招商银行 2019 年年报。

9.3 现金流量表

对于那些擅长制造业和零售业分析的投资者，在第一次涉足银行业的时候，最常犯的一个错误，就是以银行的经营净现金流是负数为由，判定银行的业绩有问题。而长期投资银行股的投资者基本都知道，不必过于关注银行的经营现金流数据，特别是某一两年的经营现金流为负，是很正常的事儿。这是银行财务报表和其他企业财务报表的一个显著区别。那么，究竟为什么不用特别关注银行的经营现金流呢？要想搞清这个问题，首先我们需要搞清为什么经营净现金流数据对于制造业、零售业这些行业的投资非常重要。

企业的现金流主要分为三大部分：经营活动现金流、投资活动现金流、筹资活动现金流，其中经营活动现金流又被很多投资者作为考察企业是否健康的重要指标。经营活动现金流通常是企业在生产活动中收到的现金和支付的现金之间的差额。以制造业为例，支付的现金主要包括营运费用、采购原材料的支出，而收到的现金主要是销售产品后获得的回款。所以，经营活动现金流可以反映这家企业的主营业务是否有足够的造血能力（产生更多的现金）。经营活动现金流为负常见于两种情况：一是企业正在初创期，以抢占市场为主要目的，简单地说就是烧钱抢市场；二是企业经营已经非常不健康，主营业务盈利能力堪忧。

无论是哪一种情况，都需要企业用其他的现金流填补这块缺口，要么是企业具有超强的融资能力，要么是企业依靠投资能产生大量的现金流。

所以，对于经营活动现金流长期为负数的企业需要特别小心。但是，企业财报分析的这一套经验到了银行财报分析时可能就不适用，造成这一问题的主要原因包括如下三方面。

银行的现金流量表中“钱”与“货”是不分离的

在其他企业的财报中，现金和货物是两套账，花钱采购原材料时现金减少、原材料增加，销售商品时产品减少、现金增加。但是，到了银行的财报中，这个“钱”和“货”的界限就被混淆了。如果对照企业的概念，银行实际上是用存款利息买来原材料——“负债钱”，再把产品——“资产钱”卖给需要的客户并收取贷款利息。可以看到，银行的原料、产品和利润都是现金，这样就造成银行的现金流量表实际上是混合了“钱”与“货”，那么经营现金流的意义就被大幅削弱，因为投资人无法从这一指标中分清哪些是挣到的钱，哪些是买回的材料，哪些是卖出的产品。

以招行的经营活动现金流量表为例（如表9.6所示），可以看到经营活动现金流流入中包含存款净增加额、拆入净增加额、收取的利息等，而流出中包含贷款净增额、支付的利息、营运费用和税费等。

表9.6　2018年招商银行经营活动现金流量

项目	附注	2018年	2017年
一、经营活动产生的现金流量			
客户存款净增加额		336,329	262,296
向中央银行借款净增加额		—	84,730
存放中央银行款项减少额		91,162	—
同业和其他金融机构存放款项净增加额		29,890	—
存放同业和其他金融机构款项净减少额		2,714	11,527
拆出资金及买入返售金融资产净减少额		—	19,070
收取利息、手续费及佣金的现金		287,889	257,953
收到其他与经营活动有关的现金		27,463	41,941
经营活动现金流入小计		775,447	677,517
贷款和垫款净增加额		(375,451)	(322,105)
存放中央银行款项净增加额		—	(25,205)
向中央银行借款净减少额		(14,693)	—

续表

项目	附注	2018 年	2017 年
拆出资金及买入返售金融资产净增加额		(24,025)	—
同业和其他金融机构存放款项净减少额		—	(116,489)
拆入资金及卖出回购金融资产净减少额		(117,351)	(13,464)
为交易目的而持有的金融资产净增加额		(40,067)	—
支付利息、手续费及佣金的现金		(101,915)	(89,759)
支付给职工以及为职工支付的现金		(42,570)	(34,540)
支付的各项税费		(59,950)	(44,617)
支付其他与经营活动有关的现金		(35,146)	(36,998)
经营活动现金流出小计		(811,168)	(683,177)
经营活动产生的现金流量净额	64(a)	(35,721)	(5,660)

资料来源：2018 年招商银行年报。

银行的经营活动现金流并未覆盖银行的所有主营业务

熟悉银行财报的投资者应该很清楚，银行的主要业务除了存款、贷款、同业拆放等，还包括投资业务（如配置债券和应收投资资产）和应付债券发行（主要是同业存单）。但是，后两类业务的现金流并未包含在经营活动现金流部分中，投资业务的现金流体现在投资现金流净额中，应付债券发行的现金流体现在筹资现金流净额中。

所以，经营活动现金流并不能正确和全面地描述银行的经营情况。例如，投资业务的盈利体现在投资现金流净额中，但是对应的营运开支和税费扣除在经营现金流中体现为现金流出。再比如，银行增加了同业存单的存量净额，净现金流增量体现在筹资部分（如表 9.7 所示），银行将通过同业存单获取的负债用于发放贷款，那么在经营现金流部分就体现为额外的现金流流出。所以，银行的现金流报表需要将经营现金流、投资现金流和筹资现金流这三部分统一起来看，单独看经营现金流是不合理的。

表 9.7　2018 年招商银行筹资活动现金流量

项目	附注	2018 年	2017 年
三、筹资活动产生的现金流量			
吸收投资收到的现金		125	495

续表

项目	附注	2018 年	2017 年
其中:子公司吸收少数股东投资收到的现金		125	495
发行优先股筹集的资金		—	34,065
发行永续债筹集的现金		—	1,170
发行债券收到的现金		73,029	52,449
发行存款证收到的现金		32,300	19,086
发行同业存单收到的现金		407,328	559,795
收到其他与筹资活动有关的现金		2,921	—
筹资活动现金流入小计		515,703	667,060
偿还已发行存款证支付的现金		(28,389)	(11,916)
偿还已到期债券支付的现金		(15,590)	(30,186)
偿还已到期同业存单支付的现金		(342,201)	(569,088)
派发股利支付的现金		(22,912)	(18,692)
支付筹资活动的利息		(11,813)	(14,483)
赎回少数股东权益支付的现金		(34)	(32)
支付其他与筹资活动有关的现金		(431)	—
筹资活动现金流出小计		(421,370)	(644,397)
筹资活动产生的现金流量净额		94,333	22,663

资料来源：2018 年招商银行年报。

银行的资产久期和日历年并不匹配

由于银行的贷款、投资等的资产投放节奏、配置策略和久期同日历年并不匹配，所以在相邻的年报中，同类净现金流可能发生较为剧烈的波动或者不同类的现金流由于配置策略的调整可能发生较大的变化。举个例子，银行在第一年末吸收了大量的存款，但是并未找到合适的贷款去匹配，那么在银行的经营现金流上就会体现为大量的现金净流入，而在银行的经营报表上体现为贷存比降低；到了第二年，开年基建项目开闸，银行发放了大笔贷款，那么在银行的经营现金流上就会体现为大量的现金净流出，在银行的经营报表上体现为贷存比升高。

所以，综上所述的三点，银行股的投资者无须过度关注经营现金流的表现，特别是短期几年内的表现。如果非要考察银行的现金流情况，需要在一个相对长的周期内全面统计经营现金流、投资现金流和筹资现金流的数据。笔者以招商银行 2015—2018 年的年报数据为例，如表 9. 8 所示。

表 9. 8　2015—2018 年招商银行现金流变化　　（单位：亿元）

项目	2015 年	2016 年	2017 年	2018 年	累计
经营活动净现金流	4004. 2	-1206. 15	-56. 6	-357. 21	2384. 24
投资活动净现金流	-3716. 03	137. 2	-844. 71	197. 18	-4226. 36
筹资活动净现金流	1248. 85	-39. 96	226. 63	943. 33	2378. 85
汇率变动	106. 7	71. 6	-42. 19	49. 28	185. 39
现金和现金等价物增量	1643. 72	-1037. 31	-716. 87	832. 58	722. 12

资料来源：2015—2018 年招商银行年报。

从表 9. 8 中可以看到，如果将时间拉长看，招商银行的经营净现金流还是正值。如果单看一年，比如 2018 年，虽然经营净现金流是负数，但是多项累计后当年的净现金增量还是正值。所以，不难看出经营净现金流并不是银行财报分析的重点。银行财报分析还是以净息差、不良数据等指标为主。

第10章

投资银行股绕不开的话题

10.1 低利率

低利率一直是笼罩在银行股投资者心头挥之不去的阴影。日本、欧洲的银行在零利率环境举步维艰。中国的银行业是否会面临和它们类似的窘境？本小节专门探讨中国银行业所谓“低利率”的现在、过去和未来。

10.1.1 现在的所谓“低利率”

关于低利率的恐慌

近些年，笔者发现网络上分析低利率环境银行盈利能力会大幅减弱的文章一拨接一拨。作者们通常是教育大众，说中国要进入低利率时代，然后列举世界上低利率环境的国家，如日本、欧洲各国，其本国银行是多么悲惨。最终得出的结论就是：珍爱生命，远离银行。

但是，究竟什么是低利率，并没有一个明确的定义和标准。究竟是存款利率低，还是贷款利率低，或是拆借基准利率低，没有人能够说清楚。既然没有人能够准确地给出低利率的定义，那么笔者更倾向于认为多数媒体是在以讹传讹地贩卖焦虑。而以低利率为借口妄言银行盈利能力下降的，不过是换了个“马甲”的“银黑”而已。之前这群人曾经的借口包括：隐瞒坏账，利润占比过高，房地产业崩盘会带来银行业崩盘，等等。

低利率市场的特点

既然没人能够给低利率一个准确的定义，那么我们不妨来看一下通常拿来举例的两个低利率经济体的共性。

日本：从1991年经济泡沫破裂后，日本经济进入衰退的10年、20年、30年。其名义经济增长率从1991年后没有一年高于3%，甚至在好几个年份出现负增长，而通胀也是长期维持在极低的水平。与此相对应，日本央行的基准利率（超额准备金利率）长期维持在0，更是在2016年将基准利率下调为-0.1%，正式进入负利率时代。

瑞士：从笔者收集到的资料看，1971年开始到2018年近50年内，瑞士的GDP增速围绕1.5%的中轴波动，如图10.1所示。瑞士央行从2015年1月开始实施负基准利率。

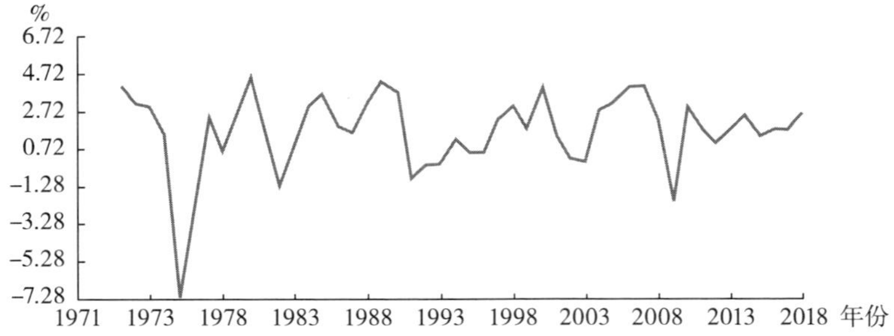

图10.1　1971—2018年瑞士GDP增长走势

资料来源：百度百科。

不难看出，实行超低利率甚至负利率的国家，其共性是GDP增速非常低，以至于实体经济没有利润空间来支撑贷款利率和银行的净息差。从宏观角度看，银行的利润是实体经济从自己的利润空间切割的一部分。国家的GDP增速可以近似看作企业的实际获利空间，所以当GDP增速过低的时候，市场自然进入超低利率状态。

有人可能会说，美国最近几十年的GDP增速也不高，为何银行的贷款利率还可以维持在3%~4%以上。关于这个问题，我一开始也迷惑过，后来想通了。决定贷款利率的应该是名义GDP增速，而不是实际GDP增速。以美国为例，虽然它的实际GDP增速很少超过3%，但是其通胀还是保持在2%的合理水准。这样美国的名义GDP增速就可以达到接近5%的水平。

回到中国的现状，虽然中国的经济增速近年来持续下行，但是即便如此，中国的名义GDP依然保持了8%左右的增长。由此来看，中国经济可以支撑的贷款利率水平应该远高于目前的 4.05% 水平。所以那些说中国现在要进入低利率时代的人绝对是杞人忧天。起码在 20 年内，中国的名义 GDP 增速都不会降到 5% 以下。与其说低利率时代，不如说中国最近 30 年一直处于相对“低利率”时代，只不过多数人根本没感觉到而已。当然，这里的“低利率”是打引号的。

10.1.2　过去的“低利率”

在上一部分的文末，笔者抛出了一个论点，即中国最近 30 年一直处于相对“低利率”时代。这里的“低利率”之所以要打上引号，是因为这里并不是说过去 30 年中国银行业的利率体系绝对值很低，而是说中国过去 30 年银行的利率体系相对于国家的经济发展速度是严重偏低的。

利率管制：助推经济腾飞

根据我国公布的 GDP 数据：1990 年 GDP 18873 亿元，到了 2016 年 GDP 743586 亿元，是 1990 年 GDP 的 39.4 倍，26 年间名义 GDP 的年化增长率高达 15.18%。而同期 1 年期贷款利率从 1990 年的 8.64% 逐步下行到 2016 年的 4.35%，这期间虽然在 1993—1996 年曾经高于 10%，但是各年平均来看大概是在 6% ~7%。而对应的存款利率就更低，1 年期存款和贷款之间基本保持了 300 个基点左右的基准差。

由此可见，在 1990—2016 年近 30 年的时间，中国的贷款利率相对于名义 GDP 一直是相对严重偏低的。对于企业来说，在贷款利率和企业平均盈利水平（名义 GDP）之间有将近 8% 的获利空间。所以，企业只要拿到贷款基本上相当于白赚钱，因为社会的无风险利率远高于贷款利率水平。而造成这一现象的原因是国内长期处于利率管制之下。国家通过利率管制压低企业贷款的成本来刺激经济高速发展，而同时又通过更低的存款利率保护了银行的利差。所以，在这套体系中，最终是依靠牺牲储户的利益（远低于社会无风险利率的存款利率）来达到刺激经济起飞的目的。而银行的净息差来自国家的利率管制保护，而非来自银行的风险定价能力。

这套体系并非中国独有，实际上在全球范围很多国家都曾经使用过类似的策略，比如，在20世纪60年代的日本和70年代的韩国，在它们经济起飞的阶段都采用了利率管制。实际上，早期利率管制通过牺牲、压制储户的利益帮助经济快速起飞，在这一阶段利率管制有其积极意义。但是，在利率管制条件下银行的利润来源于政府的保护，所以国有银行势必承担更多的社会责任。在这种策略下，对于银行到底是好还是坏呢？其实很难说清楚，国有银行通过利率保护获得了利润空间，但是同时可能为了执行政治任务而造成更多的不良。

在利率管制的背景下，股份行的崛起就成为必然结果。因为股份制银行在享受政府利率保护的同时又不用承担过多的社会责任，所以，在没有巴Ⅲ资本限制前，股份制银行的“野蛮”生长成为20世纪90年代到2010年中国银行业的一道亮丽风景线。

利率市场化：未来的大趋势

但是，随着我国的经济发展，投资拉动的边际效应越来越差。而在利率管制的大前提下，银行势必倾向于将贷款发放给风险更低的国企。而国企的效率随着经济的减速开始下降，所以银行的贷款成为呆坏账的概率更大。同时，过低的存款利率也很难再吸引储户的资金。随着经济的发展，利率管制逐渐成了经济发展的障碍，利率市场化成为经济发展的必然趋势。但是，大部分银行长期在利率管制的保护下缺乏风险定价能力，在后续利率市场化的过程中，银行的分化将是不可避免的。

过去30年，存钱是最傻的行为，只能说所有的储户都在为国家的经济起飞作贡献。而真正获益的是贷款做生意和贷款买房的那一批人。已经过去的就让它过去吧，我们应该更加关注未来，毕竟拉长时间看真正的低利率时代必然到来。

10.1.3　未来的低利率

GDP 的高速增长并不是常态

前面两小部分分别谈了现在和过去的“低利率”。其实无论是现在还是过去，中国的银行体系都没有经历过真正的低利率。但是，按照历史的发展规律看，在未来中国必然过渡到真正的低利率时代。当然，这个演变过程比大多数人想象的要长得多。笔者猜测 20 ~ 30 年后我们会进入与欧美日类似的低利率时代，而不是现在很多人想的在 5 年后。至于原因，前面两部分都曾提到，就是银行的利率水平是由经济体的名义 GDP 增速决定的。更精确地说，是由企业的平均盈利能力决定的，而企业的平均盈利能力在统计学上直观反映为经济体的名义 GDP 增速。

那么剩下的问题就是：为什么从现在看人类的经济体最终都会走向低速发展？这个问题，可能即使是经济学家也无法给你准确的回答，笔者只能分享自己的认知，未必是准确的。首先，从人类的历史看，GDP 的高速增长并不是常态。在人类 5000 年的历史上，绝大多数时间的 GDP 增速是非常低的，最近 300 年，特别是工业革命后社会经济的高速增长其实是一个特例。而工业革命后的高速增长其实体现的是人类利用自然资源的能力和范围的大幅度提升。但是从 20 世纪 80 年代之后，人类的科技发展实际上进入了一个瓶颈期。最近 30 ~ 40 年人类的技术进步主要发生在应用科技领域，而基础科技领域的突破乏善可陈。我们目前的计算机、移动通信、激光等技术都是在 50 年前基础技术突破后的应用。到能源领域也是如此，第一次工业革命，煤是能源的代表；第二次工业革命，石油和电力是能源的代表；第三次工业革命，核能、太阳能是能源的代表。但是最近 30 ~ 40 年，人类的能源结构并没有大的突破。正是由于人类利用自然资源改造自然的范围被局限在地球，所以全球的经济体先后都受到了当前技术瓶颈的限制，最终转向低速增长。

低利率时代市场的变化

回到正题，按照目前人类技术发展的情况看，如果未来20年受控核聚变和深空探索技术没有突破，那么中国经济转入低速增长是很难避免的。当经济体进入低利率时代后，金融体系会出现哪些演变？投资者应该如何应对呢？

首先，进入低利率时代后，对于银行来说最大的问题在于资产规模增长因子趋于停滞，而且对公业务的净息差会受到较大影响。因为在经济低速增长的情况下，企业的增长空间缩小，对于资本的渴求降低，少数发展较好的龙头企业更倾向于发债或者干脆手里囤积大量的现金，比如现在美国的苹果、谷歌、微软等。在这种情况下，银行的对公业务势必从以信贷业务为主转向以投行业务为主，而银行的信贷投放只能聚焦于中小企业和个人信用贷款。

其次，为了增加银行的盈利空间，未来混业经营将会实质性放开，资管业务将成为银行新的利润增长点。因为在经济体进入低利率时代后，个人和企业的资本相对充裕，如何让资产保值增值会成为企业和个人最显著的金融需求。

再次，随着国内盈利空间的收缩，部分资本开始向国外转移，寻求发展中国家的投资机会，随之而来的是人民币国际化需求提升。

最后，由于资产规模扩张速度放缓，银行的资本金将不再成为瓶颈，而净利润增长趋缓，为了保持ROE，银行可能会提升分红比例。

从现在到出现低利率的这个过程中，中国的股票市场可能会有一次持续时间很长的慢牛长牛行情。因为无风险利率下行，居民投资保值的需求会大爆发，资金进入股市的意愿会极大提升。在此之后股市的走势是趋向于欧日化还是美国化，要看最终名义GDP的增速是否可以保持在一个低但是不过分低的稳定区间。欧洲股市和日本股市的问题在于经济体增速太低，虽然资金充裕，但是企业盈利能力太差。美国虽然资金利率也较低，但是企业盈利的能力还保持在一定水平，所以，美国的股市走势要好于日本和欧洲。

所以，未来中国是否会进入真正的低利率时代，要看科技的瓶颈是否被突破；而最终中国是进入美国模式还是日欧模式，要看经济的运行区间。但是不论如何，这都不是最近5～10年会发生的事，而且在低利率时代到来之前，必然有一轮长牛慢牛等待诸位投资者。

10.2 那些关于银行的谎言

10.2.1 对银行根深蒂固的偏见

作为一个十几年的“银粉”，笔者发现国内的传统媒体、自媒体对于银行总是持有根深蒂固的偏见。基本上每隔1~2年，笔者都要跟各种各样的偏见进行一次辩争。最常见的几种“黑银行”的论调包括：躺着吃息差论，收费太多论，实体经济的“吸血鬼”论，等等。笔者就花点时间来驳一驳这些奇谈怪论。

躺着吃息差论

持有这个观点的人，总是这样说：中国银行业对企业的放贷利率高达6个多点，而付给储户的存款成本只有不到2个点。银行什么都不干，躺着就可以吃到4个点的利差。国有四大行在中国银行体系中占据垄断地位，四大行利用垄断地位，抬高企业的放贷利率，压低储户的存款利率，获取超额收益。笔者只能说，说这些话的人肯定从没认真看过任何一份银行的年报。笔者整理了7家主要银行2018年中报的利率数据，见表10.1。

表10.1 7家银行2018年中报的利率（%）

银行	对公贷款利率	存款利率	净息差
工商银行	4.40	1.43	2.30
建设银行	4.31	1.34	2.34
招商银行	4.21	1.43	2.54

续表

银行	对公贷款利率	存款利率	净息差
浦发银行	4.57	1.84	1.77
民生银行	4.89	1.96	1.64
兴业银行	4.82	2.08	1.78
平安银行	4.75	2.35	2.26

从表中可以看到，首先，没有任何一家银行的对公贷款利率高于 5%，而且四大行的代表——工商银行和建设银行的对公贷款利率是低于多数股份行的。其次，银行的净息差平均只有 2% 左右，根本不是所谓的 4% 以上。这里面有一个重要的原因：银行的负债除了存款以外还有同业负债和向央行拆借。这一部分的负债成本要远高于存款的利率水平，所以，最终体现的息差并不高。即使是和美国的银行相比，息差也是吃亏的。比如，美国的富国银行①，从富国银行 2018 年第三季度的季报可以看到，对公贷款利率在 4.1% 左右，而存款的成本只有 0.56%，最终综合得出的净息差为 2.9%，高于中国所有的主要上市银行。由此可见，所谓中国银行躺着吃息差纯属胡说一通。

关于收费太多的问题

基本上持此观点的人根本就没有了解过国外银行的服务费。其实，只要比较一下中美银行的非息占比就很清楚了。富国银行的非息收入占比超过 40%，而中国绝大多数银行的非息收入在 30% 附近。笔者建议，有条件的人一定要去国外的银行开个户，体验一下什么叫质次价高的服务。就拿跨行转账为例，在中国很多银行已经免除了客户的跨行异地转账手续费，一般同城跨行转账秒达，异地最多也就是 1 天。如果你去国外银行跨行汇款，3～5 天到账是很常见的，20 美元左右的汇款手续费也是家常便饭。

实体经济的“吸血鬼”论

至于实体经济的“吸血鬼”论，最常见的论点包括，上市银行的净利

① 通过下面的链接可以得到富国银行 2018 年的三季报。https://www08.wellsfargomedia.com/assets/pdf/about/investor-relations/earnings/third-quarter-2018-earnings.pdf。

润占全体上市公司净利润的40%左右。但是，持这种论调的人显然没有注意到，中国主要的大中型商业银行都已经上市了，而中国的很多大型企业并未在A股上市，例如中国最赚钱的公司——中国烟草总公司等。2017年中国商业银行净利润1.75万亿元，规模以上工业企业净利润7.5万亿元，银行净利润占工业利润的23%，和国外的比例相当。

奉劝所有致力于投资银行股的投资者，多看报表少看媒体关于银行的各种言论。市面上关于银行的言论，不客气地说，90%都是错的。

10.2.2 银行是不是在挣假钱?

根据笔者对“银黑”言论的观察，大体上说银行挣的是假钱，主要是谈两个层面：第一个层面是说银行的净利润是和不良资产紧密相关的，一旦经济危机爆发，银行可能一次性把以往的盈利全部赔光。第二个层面说的是银行需要持续不断地进行再融资，分给市场的钱转脸就会要回来更多。这两个话题都涉及银行这个行业深层次的特质。

不良率对银行净利润的干扰

银行本身是一个经营风险的行业，风险定价能力、风险管控能力、风险吸收能力决定了银行最终是否能赚钱。银行的收入中主要分两大块：净利息收入和非息收入。其中，非息收入中又包含手续费和佣金收入、公允价值变动的收入。在这些收入中，基本和风险无关的是手续费和佣金收入，比如刷卡手续费、银行服务费等，基本就是躺着收钱。这一部分收入，属于真金白银，不能算是假钱。

银行最大的一部分收入是利息净收入，即“银黑”们经常攻击的银行挣假钱的对象。银行本身放贷所用的资金大部分并不属于银行自己，而是银行从社会吸纳的存款或者从同业机构那里拆借的资金。在不考虑不良资产的前提下，银行的利息净收入就是资产利息收入-负债的利息支出，在这种场景下，银行确实是一个稳赚不赔的生意。但是，天下没有免费的午餐，只要是放出去的贷款，就可能面临无法收回利息和本金的风险，而银行负债的利息支付是刚性的。由于银行本身是一个高杠杆行业，国内的银行杠杆率基本在 6%，也就是说，如果坏账率超过 7%，银行基本就相当于破产了。所以，银行就需要用净利息收入去覆盖这些风险损失。

在覆盖这些风险后，剩下的净利润就是真金白银了。但是，非常遗憾的是，在现实社会，问题要远远比这个复杂得多。银行是一个典型的利润前置、风险后置的行业。银行从发放贷款后的第一个月开始就会有利息收入，但是风险往往需要几年后才会暴露。那么，对于银行的经营者来说，今年的净利润里面就需要为未来的风险单独准备一些钱以备不时之需，这部分钱就是银行计提的资产减值损失。而银行的税前利润计算就变成了：利息净收入 + 非息收入 – 资产减值损失 – 营运费用。历年资产减值损失会被存放在资产减值准备的大蓄水池里面，在未来发生坏账的时候，可以用资产减值准备吸收不良资产。

在此过程中，资产减值损失和资产减值准备最容易被搞混。这两个概念前文已详细介绍，此处重点就两个概念的异同做简要分析。如果把资产减值准备比作一个大的蓄水池，那么这个蓄水池会有好几个出水口和好几个入水口。其中资产减值损失，或者叫资产损失计提，是最大的一个入水口。而蓄水池最大的出水口就是核销。说到核销，首先需要说明的是，并非所有的不良都是可以核销的。银监会对于不良资产核销有相关的严格规定，通常是贷款长期逾期，借款人已经无力偿还或者申请破产保护后才能走到核销的地步。不过，在这里需要提醒大家几点：第一，核销不等于不能追回。有时候企业受经济波动影响无力偿还债务，但是并未破产，等经济复苏后企业财务状况好转，可能会把银行已经核销的贷款还上。所以，在银行报表中“收回往年已核销贷款”也是一个重要的进水口。第二，即使企业破产了，也并不代表银行的坏账会全部损失。因为一般银行的贷款都会有抵押或质押物。按照以往银行的统计数据看，损失类贷款最终的损失回收率大概是在 30% 左右。

所以，从上面的描述可以看出，资产减值损失会直接侵蚀当期的净利润，但是这部分减值会被储备起来应对未来的坏账。于是，问题的关键就在于：第一，未来的不良率能到多少？第二，银行计提的减值准备是否足够覆盖风险？第三，拉长周期看核销和净利息收入之间的关系如何？

关于不良率的数据，可以查看在上一次金融危机中欧美银行的表现。在美国，2008 年金融危机后银行业的不良率开始大幅攀升，最终在 2009 年达到顶峰 5%。在欧债危机中，西班牙和意大利的多家大型银行不良率最高达到 7% ~8% 的水平。但是需要注意的是，“欧洲之猪”（PIGS，即葡萄牙、意大利、希腊、西班牙）当年在欧债危机爆发巅峰时，GDP 基本是在零增长到负增长的状态，而按照中国目前 6% 的 GDP 增速看，我国的不良率很难攀升到 4% 以上。

所以，单从不良率看，我国银行在短期内基本没有可能出现欧美经济危机时的不良状态。再看看我国目前对于减值准备的要求是拨贷比 2.5% 以上，部分优秀的银行已经突破 4%。也就是说，即使不良贷款上升到 3% 左右，依靠历年来银行在丰年计提的减值准备，中国现有的银行体系也不可能出现亏损。最后，再来观察一个长周期内不同银行核销和净利息收入之间的关系，见表 10.2 和表 10.3。

表 10.2　浦发银行最近 10 年累计核销和累计净利息收入之比

财报	净利息收入（亿元）	核销金额（亿元）	净息差（%）	核销净利息收入比（%）
2008	315.34	5.99	3.05	1.90
2009	335.38	8.14	2.19	2.17
2010	452.04	6.89	2.49	1.91
2011	614.42	5.19	2.60	1.53
2012	733.62	10.07	2.58	1.48
2013	851.77	29.52	2.46	1.99
2014	981.83	74.23	2.50	3.27
2015	1130.09	100.44	2.45	4.44
2016	1081.20	332.39	2.03	8.82
2017	1069.12	512.54	1.86	14.35
2018H1	512.97	328.43	1.77	17.50

表 10.3　招商银行最近 10 年累计核销和累计净利息收入之比

财报	净利息收入（亿元）	核销金额（亿元）	净息差（%）	核销净利息收入比（%）
2008	468.85	9.69	3.42	2.07
2009	403.64	8.27	2.23	2.06
2010	570.76	1.55	2.65	1.35
2011	763.07	6.79	3.06	1.19
2012	883.74	9.03	3.03	1.14
2013	989.13	22.42	2.82	1.42
2014	1172.02	150.06	2.52	3.96
2015	1367.29	384.41	2.77	8.95
2016	1345.95	368.45	2.50	12.06
2017	1448.52	254.35	2.43	12.91
2018H1	770.12	105.78	2.54	12.97

从表 10.2 中可以看出，虽然浦发银行这一比例在持续增长，但是估计未来也很难突破 30%。而从表 10.3 招行的数据看，这一数据已经基本稳定，未来超过 15% 的概率不大。所以长期来看，银行的净利息收入不能说赚的是假钱。

银行的再融资

前文讨论了关于银行挣假钱的第一个层面，即不良率对银行净利润的干扰。下文将探讨第二个方面：银行总是不停地再融资。最近 3 ~4 年中国上市银行被投资者诟病最多的就是不停地再融资。特别是在 2015 年以后，本来银行的估值就一直处于“破净”的状态，而再融资基本没停过，可谓你方唱罢我登场。再融资的手段也是五花八门，从优先股、可转债到定增。其中被投资者“吐槽”最严重的就是兴业银行的两次“破净”定增。曾经的十几年前，银行似乎并没有如此频繁的再融资需求，印象中当初银行融资一次基本上可以顶 3 ~4 年。投资者不明白的是，银行为什么总是需要不停地再融资。

要想把这个问题说清楚，就要从银行的资本充足率和巴塞尔协议说起。前文已经对此深入解读，此处不再赘述。为了满足巴Ⅲ的要求，中国银行业在2010年之后开始大举提升资本充足率。提升资本充足率无非两个方向，一个是扩大分子（资本），包括利润补充、股权融资；另一个就是控制分母，包括配置低风险资产、降低资产增速甚至缩表。

在2014年之前，其实大家并未切实感觉到银行再融资的压力。一个重要的原因是2014年开始，银行进入降息周期，同时整个经济开始走弱，银行业的不良贷款开始大量暴露，息差下降的同时，资产减值计提开始增加，银行的净利润遭到严重蚕食。因此，银行根本没有更多的利润来补充资本金。而与此同时，国家为了拯救经济加大了信贷投放，结果就是，一方面风险资产增加；另一方面是净利润裹足不前，银行要补充资本金只能通过股权融资的方式。综上所述，最近3～4年银行持续的再融资需求是经济不景气、政策刺激信贷投放和提高监管标准这三种因素相结合的结果。

从现在看，未来几年银行的不良率虽然可能还有反复，但是大趋势是逐渐向好的，银行的利润也在缓慢攀升。所以，以资本充足率的分子看，净利润的补充能力在增强。同时，最近两年金融监管机构正在推动金融行业降杠杆，从间接融资向直接融资转变，这些都有助于降低银行的风险资产增速。

但是，也有一些不利的因素，包括：第一，金融监管机构正在主导将更多的金融机构划为国内系统重要性金融机构，这将会对更多银行提出更高的资本充足率要求。第二，监管机构正在推动表外资产回表，对应收投资资产进行穿透管理，这将增加银行的风险资产增速。综合这些有利和不利的因素看，在未来1～2年，银行对于资本金补充的需求依然较大。但是，拉长时间看，当金融调结构见效，经济复苏后，银行将告别对资本金的依赖。

随着未来我国的融资需求从以间接融资为主向以直接融资为主转换，银行的风险资产增速将会逐渐降低，银行将会逐步实现内生性增长。到那时，银行将会把更多的利润用于分红，自然也就不存在银行挣假钱的说法了。

10.2.3　A 股银行估值偏低的原因

高杠杆、高风险、高折现补偿的逻辑链

向前回溯 10 年，A 股银行的估值一直在持续下降，特别是近几年整个银行板块长期处于“破净”的状态。不论是和历史相比还是和国外的银行相比，A 股银行板块的估值都是垫底的状态。这一直是困扰银行股投资者的问题。到底是市场错了，还是价值投资者错了？有些分析师试图从高杠杆、高风险决定高折现的角度去解释银行“破净”的现象，但是笔者对此并不能完全认同。

在某位银行分析师的文章中，我读到这么一段内容：

PB =（ROE × d）/［（r − ROE）+ ROE × d］。其他条件相同的情况下，当 r 高过 ROE 时，PB 就会小于 1，也就是公司给股东带来的回报率不及折现率时，就会破净。而且同样情况下，折现率高也会导致 PB 偏低。根据此推论，银行板块低估值且长期破净只能用高折现率解释。所以我们认为：银行板块 PB 跟 ROE 长期不匹配，主要原因是其高杠杆、高风险经营，所以投资者给予了更高的折现率。当前 ROE 虽然比较高，但低于折现率，导致其 PB 低于 1。

显然，在该分析师的文章中，折现率高于 ROE 最终造成 PB 低于 1，这一条本身是没什么问题的。关键的问题在于其后的推导部分，折现率 r 并不是一个独立存在的数据，而是由人的情绪、投资偏好、行业趋势等诸多因素综合后逆向推出的一个估测值。而分析师将折现率偏高直接归因于银行高杠杆、高风险的行业属性，这显然是欠妥的。因为如果该结论成立，基本上银行的估值就盖棺定论了，永远不要指望有修复的希望了。

笔者是无法苟同此推导过程和结论的。按照该分析师的结论，高杠杆带来高风险，因此投资者会要求高折现补偿。那么，我们是否可以得出结论：杠杆越低风险就会越小，投资者的折现补偿就会降低呢？

我们不妨看看中国银行业的历史，在 2005 年，当年已经上市的银行包

括招商银行、浦发银行和民生银行。我们就来看看这几家银行的杠杆率到底发生了什么变化。由于杠杆率是在金融危机以后才引入的指标，所以在2005年各家银行的年报是不披露这一指标的。我们不妨以核心资本充足率来考察这些年银行杠杆率的变化。

从图10.2可以看出，虽然3家银行的核心资本充足率有所起伏，但是总体上是向上走的。这说明3家银行的杠杆倍数是在逐渐下降的。如果说折现率和杠杆倍数呈正相关的话（杠杆倍数越低，风险也越低），那么2005年的时候折现率应该更高。2005年和2018年招行的ROE分别为15.93%和16.57%，如果分析师的假设成立，那么2005年的PB应该低于2018年，或者至少是持平的。但是事实是在2005年招商银行的市净率在4～6，远远高于目前的约1.6。所以，可以看出折现率高并非投资者对于高杠杆倍数本身的恐惧和对于高风险的担忧。

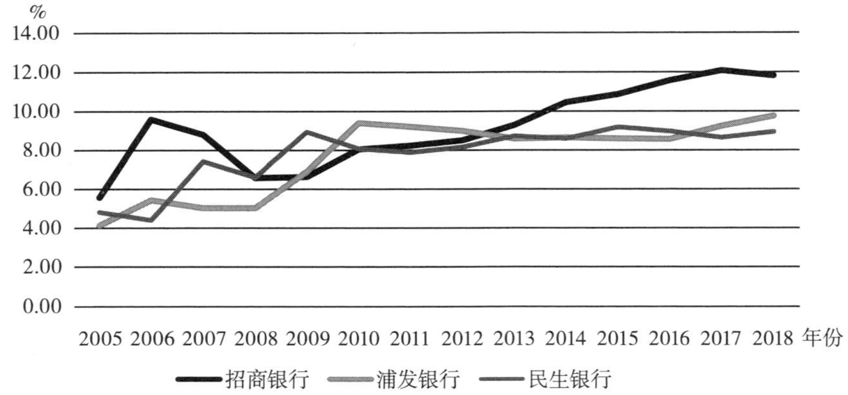

图10.2 2005—2018年3家银行核心资本充足率的变化

低估值的真正诱因

那么在2007年之后究竟发生了什么，使市场投资者持续看淡银行板块呢？是经济降速吗？显然不全是，因为在2008—2011年间，中国的经济曾经有过一段较为明显的反弹。但是，经济复苏和银行业绩的亮丽并未改变银行估值持续下降的大趋势。笔者认为，持续压制银行估值的因素应该就是2008年经济危机后全球银行业推出的《巴塞尔协议Ⅲ》和后续针对全球系统重要性银行的 TLAC 标准。

《巴塞尔协议Ⅲ》和 TLAC 的本质都在于大幅提高了对于银行资本金的要求，这实际上是强迫银行降低杠杆倍数。我们都知道，银行是高杠杆经营的行业，ROA 是非常低的，通常只有 1% 左右，而 ROE 之所以较高主要是使用了较高的杠杆倍数。而《巴塞尔协议Ⅲ》强行降低银行的杠杆倍数，就是从根本上将银行的 ROE 盖上了一个“天花板”，从原来的可以轻易突破 20% 降到了达到 15% 都很费劲。

这种变化是一个持续的过程，实际上直到 2014 年之后，国内的主要银行才陆续在表面上满足了《巴塞尔协议Ⅲ》。但是，这种满足是依靠不断进行外部补血达成的，而股权融资是要摊薄原有股东收益的。所以说，直到今天，除了极少数银行已经完成了《巴塞尔协议Ⅲ》条件下的内生性发展转型外，多数银行依然受制于《巴塞尔协议Ⅲ》。而这种制约对于机构投资者来说就是基本面持续变差的一种趋势。在这种不断变差的趋势下，投资者势必要求更高的折现率作为补偿。所以说，不断压低银行的杠杆倍数才是银行估值长期受压制的根本原因。

但是，我们也要看到现在的好消息是，《巴塞尔协议Ⅲ》的影响正在逐渐消失。而过去这么多年的估值压制，投资者已经出现了过度担忧的倾向。未来如果能够叠加经济企稳复苏和银行混业经营的实质性进展，这种过度的担忧产生的低估有望得以纠正。

10.2.4　为什么银行总是负面信息缠身?

长期投资银行股的朋友应该会发现，关于银行的言论，不管是传统媒体还是自媒体，都是负面信息偏多。而关于银行的正面信息，就算有传播，效果也不好。而且在这些负面言论中，不乏故意捏造或选择性报道，仅仅是为了黑银行而黑银行。那么，究竟是什么原因造成这种现象呢？这个问题笔者和行业内、行业外很多人聊过，还真不是单一原因造成的，而是多方面因素综合的结果。

民众喜闻乐见

银行业所属的金融业是国内平均收入水平较高的行业，仅次于互联网行业。银行业的薪酬和社会平均薪酬比是大幅偏高的。在民众的潜意识里，对于高收入行业通常有一种仇富心理。民众对于银行业的负面信息也就会更关注。这种喜好反过来也刺激媒体从业者迎合民众的口味。只要是批评银行的稿子，被采用的概率就很大，自媒体的阅读点击量就很高；而说银行好话的稿子，被采用的概率就很低，自媒体的点击量就乏善可陈（譬如笔者运营的公众号）。这种现象本身也符合传媒的特点——好事不出门，坏事传千里。和银行相比，客户处于相对弱势的地位，锄强扶弱是媒体最喜欢的戏码。

实际上，金融行业是一个专业性很强的领域，对从业者的要求高，工作压力大，其薪酬水平高于社会平均水准是市场供求决定的。实际上，我国金融从业者的薪酬和国际同业比相差甚远。

部分想要涉足金融业务的资本引导舆论

银行业的境况有点像《围城》，外面的红眼想进来，里面的经营起来苦哈哈。究其原因，银行是一个经营弹性比较大的行业，合规合法赚钱时如履薄冰，但是钻监管的漏洞、非法经营赚钱，则可以赚到手抽筋。“黑银行”的高潮出现在2013—2015年，当时很多场外资本想要进场开银行或者从事类金融业务。于是，各种资本开始频繁对银行发起攻击，吸血论、利息占比过高、体制僵化、乱收费等各种指责层出不穷。这拨舆论的高峰就是那句：银行不改变，我们就改变银行。

之后的事情大家都看到了，法无禁止即可行。于是，懂金融的都靠边站了，各种P2P、金融和类金融企业如雨后春笋一般在全国野蛮生长，民营银行的牌照批量发放，一派欣欣向荣的气息。结果如何呢？3年后P2P批量卷款倒闭，群众的血汗钱血本无归，黄金佳涉案金额54亿元，泛亚倒闭涉案金额430亿元，e租宝涉案金额762亿元。最后，还是需要被黑了无数遍的银行出来帮着擦屁股。

银行业体量太大，涉及的社会问题较多

银行业目前的资产规模已经达到 300 万亿元的水平，全国从业者 380 万人，业务涉及实体经济的各个部分，基本上是个企业就要跟银行打交道。人多了，涉及的企业多了，碰到一些问题也是正常的现象。以一家大型股份行为例，一年新生成的不良在 300 亿 ~600 亿元，也就是说 10 亿元的“大雷”每年少说要暴几个。这还是一家一行的情况，全国十几家股份行，6 家国有大行，如果每年都有不良暴雷，那就是每周都有的节奏。所以，在外人看来负面信息自然多。

银行自己不控制媒体，而对手控制了媒体

我国的银行多数是国有控股、地方政府控股或者央企控股，国家对于这些银行的经营范围有严格的限制。国家严禁银行通过入股、控股的方式涉足实体经济，其中包括媒体行业。而银行的对手，特别是少数头部互联网公司，实际上已经通过入股、控股的方式掌控了除央媒外的很多传统媒体和新兴媒体。所以，普通人很难看到这些公司的负面消息。举个例子，银行被攻击最多的是净息差太高、吸实体经济的血。但是，实际上 2019 年国有大行和股份行的净息差平均只有 2. 1% 左右，而某互联网银行的净息差高达 4. 5% 左右。为什么从来没有媒体攻击互联网银行的净息差高呢？

互联网寡头对舆论的影响到了什么程度呢？通过下面的一条新闻我们可见一斑。①

国家网信办指导北京市网信办依法约谈处罚新浪微博

6 月 10 日，国家互联网信息办公室指导北京市互联网信息办公室，约谈新浪微博负责人，针对微博在蒋某舆论事件中干扰网上传播秩序，以及传播违法违规信息等问题，责令其立即整改，暂停更新微博热搜榜一周，时间自 6 月 10 日 15 时至 6 月 17 日 15 时，暂停更新热门话题榜一周，时间自 6 月 10 日 15 时至 6 月 17 日 15 时，严肃处理相关责任人，同时，要求北京市

---

① 引自新华网,http://www.xinhuanet.com/politics/2020 -06/10/c_1126097755.htm。

互联网信息办公室对新浪微博依法从严予以罚款的行政处罚。

国家互联网信息办公室有关业务局负责人强调，网站平台应当切实履行主体责任，健全管理制度，明确内部审核处置流程，既不得为违法违规信息提供传播平台，又不得随意干预信息正常呈现、干扰网上传播秩序。国家互联网信息办公室将进一步强化日常监管，督促相关网站平台加强内部管理和自律，依法依规开展服务。

银行不掌握媒体的话语权，而互联网寡头拥有媒体话语权。结果就是银行在舆论战中完全处于被动挨打的窘境。所以，作为银行股的投资者，我们需要擦亮自己的双眼，对于媒体报道的银行负面言论多加分析，批判吸收，而不是盲目相信。

10.3 招商银行的“护城河”

笔者持仓最重、持有时间最长的就是招商银行，从2010年起，长期单一持仓招商银行。笔者投资招行的逻辑很简单。未来20年最核心的投资逻辑是——中国崛起。2001年中国入世之后，在相当长的时间内，中国崛起就是确定性最强的投资逻辑。很庆幸，我们置身其中，充分享受了中国崛起带来的资产重估和经济腾飞带来的龙头公司大发展。在中国崛起的逻辑背景下，押注银行业就相当于押注中国的国运。剩下的就是在银行业中选择最优秀的公司，长期持有，分享中国经济的成长即可。

但是，投资的道路并非一帆风顺。从2010年开始银行业连续4年处于熊市，这让笔者开始沉下心来专心研究银行的基本面，从阅读招商银行的每一份定期报告开始，逐渐扩展研究整个行业和中国的金融体系。而且4年的熊市给了笔者大量的时间来持续买入低估的银行筹码。在2014年10月，笔者察觉招商银行的价格已经严重低于其价值，于是，在2014年10月满融了招商银行，这一次破釜沉舟的投资行为最终在2014—2020年实现了6年10倍的投资收益。

笔者之所以敢于在招商银行上重仓出手，并且坚持多年，完全是因为招商银行具有其独特的“护城河”。下面我们就一起看看招商银行的“护城河”在哪里。

本部分内容的数据相对老旧，部分内容前文也有所涉及，但本节的目的是系统地分析企业，展示研究方法和逻辑，因此，建议读者更多地关心方法论和投资的逻辑。

10.3.1 傲视群雄的净息差

招商银行在整个银行板块内持续保持龙头的地位——最高的股价、老银行中最高的估值、最先走出不良的泥潭、市场表现最好。但是，很多投资者询问笔者：到底是什么支撑了招行的龙头地位？笔者认为关键还是招行的“护城河”。但究竟什么是招行的“护城河”？这“护城河”是否会被削弱？其实，银行业对于异业的“护城河”容易找，但是对于同业的“护城河”不容易找。银行业是一个进入门槛高的资本密集型行业，外部资本想要进入，需要获取经营牌照，这实际上是为整个行业挖了一条“护城河”。但是，对于行业内的各家银行来说，想建立“护城河”却非常难。银行业本身是一个服务行业，其服务业的属性决定了其建立“护城河”的难度远高于其他行业。笔者试图从招商银行的竞争优势入手，通过逐步分析其优势的根源，最终找到招商银行的“护城河”。

何以保持高额净息差

银行股的投资者都知道：经济繁荣期看息差，经济衰退期看不良。其中息差代表挣钱能力（国内银行依然是利息收入占大头），而不良代表风险损失的预期。笔者选择了招行、兴业银行（以下简称兴业）、民生银行（以下简称民生）、建设银行（以下简称建行），以2016—2018年年报披露的数据作为观察窗口，比较各家的净息差，如图10.3所示。

可以看到，招行的净息差远高于其他3家银行，而且这一优势是持续的。配置同样多的资产，招行产生的利息净收入比兴业和民生要高大约40%，比建行要高8%。如果将净息差分解，可以得到资产收益率和负债成本两项，如表10.4所示。

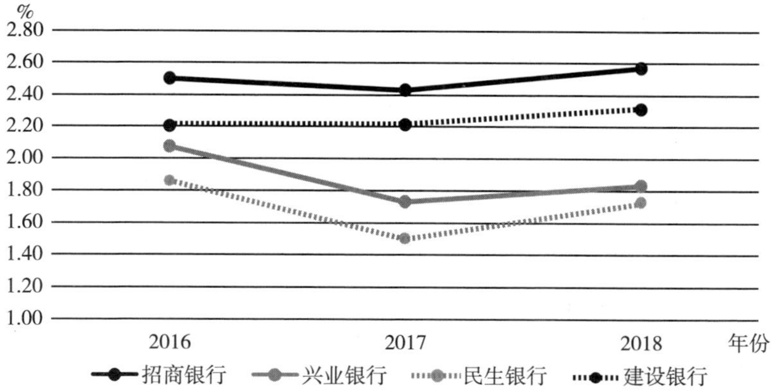

图 10.3　2016—2018 年 4 家银行的净息差

表 10.4　2016—2018 年 4 家银行的资产收益率和负债成本（%）

银行	资产收益率			负债成本		
	2016 年	2017 年	2018 年	2016 年	2017 年	2018 年
招商银行	4.00	4.06	4.34	1.63	1.77	1.90
兴业银行	4.40	4.25	4.44	2.40	2.81	2.90
民生银行	4.01	4.01	4.53	2.27	2.66	2.89
建设银行	3.67	3.66	3.82	1.61	1.56	1.64

通过 4 家银行的对比可以发现，招行的资产收益率并不是 4 家银行里面最高的，而负债成本也不是 4 家银行里最低的。但是，招行的优势在于其资产收益率和较高的兴业、民生接近；同时，总负债成本和较低的建行接近。招行的资产端收益较高，和民生、兴业的收益高有细微的差异：招行是因为配置了较多的高收益零售贷款，如信用卡贷款和小微贷款；而民生和兴业更多地来自对公贷款和应收投资。建行的零售贷款也不少，但是大部分是利率较低的房贷。看完了资产端，再来看负债端，4 家银行在负债端的表现差异更大。对于银行负债端来说，由于存款占负债的比例在 50% ~80%，所以，负债成本主要取决于存款成本。通过对比 4 家银行的存款成本（平均存款利率），如表 10.5 所示，可以发现，招行和建行的存款成本显著低于兴业和民生。

表 10.5　2016—2018 年 4 家银行的存款成本（%）

银行	2016 年	2017 年	2018 年
招商银行	1.27	1.27	1.45
兴业银行	1.70	1.89	2.19
民生银行	1.78	1.76	2.17
建设银行	1.45	1.33	1.39

从表 10.5 中可以看到，招行和建行的存款成本甚至不足 1.5%。按照我国存款的现行 1 年期基准利率 1.5% 看，显然，招行和建行的存款，多数的存期应该低于 1 年期。其实，如果观察各家银行的存款分布，确实如此。银行的存款中有大量活期存款，而且其占比会大大超过投资者的预期。活期存款是银行存款中利率最低的存款，所以，银行的存款成本主要取决于存款中的活期占比。以选中的 4 家银行来看，招行的活期占比远高于其他几家，如表 10.6 所示。

表 10.6　2016—2018 年 4 家银行的活期存款占比（%）

银行	2016 年	2017 年	2018 年
招商银行	62.94	62.84	65.34
兴业银行	43.97	42.46	37.99
民生银行	42.46	46.19	41.13
建设银行	52.80	54.35	53.34

通常来讲，对公账户中活期占比会接近 50%，主要的原因是企业日常经营中，对资金有较强的流动性需求。但是，对于银行的零售业务来说，很高的活期占比就不是那么容易解释的了，因为毕竟谁也不愿意把大量的资金放在活期账户，而放弃配置利率更高的理财和基金产品。那么究竟为什么招行的客户甘愿留如此多的钱在活期账户呢？这就是招行的第一条“护城河”——AUM 导向的零售管理体系。关于此项内容，参见本书 1.2.2 部分的“知识链接”。

10.3.2　优秀的风控能力

如果说净息差很大程度上决定了银行可以挣多少钱，那么风控就决定了银行潜在的风险损失是多少。银行是经营风险的行业，完全不涉及风险是不可能的。银行的资产配置既不是风险越高越好，也不是风险越低越好。优秀的银行需要在风险和定价之间寻找最优的组合。衡量一家银行风险管理水平的核心指标包括：风险水平、风险迁徙率和风险抵补。

风险水平

风险水平主要是评估银行当期的风险，常见的评估指标包括不良率、不良偏离度等。当投资人将多期数据连续观察，就可以获得银行风险水平的变化趋势，如图 10.4 所示。可以看出，2016—2018 年招商银行的不良率显著下降，而作为参照的兴业银行、民生银行和建设银行，不良率基本变化不大，有的甚至出现了逐年上升的情况。而且，2018 年招行的不良率为 1.36%，已经接近经济繁荣期银行 1% 的不良率均值。可以看出，招行的风险水平是显著低于其他对标银行的。

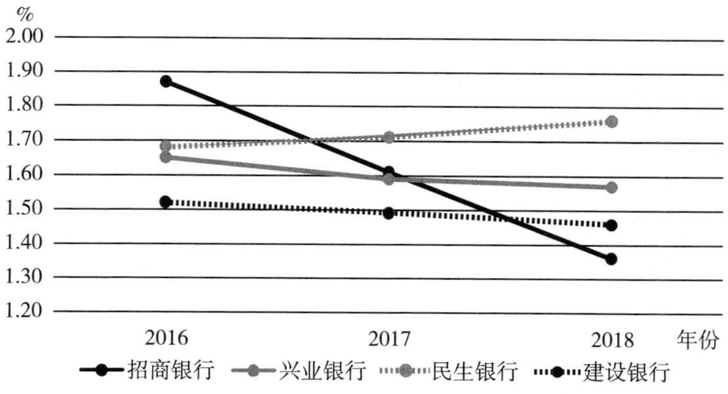

图 10.4 2016—2018 年 4 家银行的不良率

风险迁徙率

从表 10.7 中可以看出，各家银行的正常贷款迁徙率都有下降的趋势。但是，股份行的改善更为明显，比如招行从 2016 年的 3.65% 调整到 2018 年的 1.79%，而建行的正常贷款迁徙率变化就要小很多。从 2018 年的纵向对比数据看，招商银行的正常贷款迁徙率已经低于 1.8% 了，如果和中国经济的上一个景气周期 2006—2008 年相比，2018 年的数据已经优于

2006—2008 年任何一年的数据，这说明招行的风险迁徙水平已经完全摆脱了经济下滑的困扰。

表 10.7　2016—2018 年正常贷款迁徙率（%）

银行	2016 年	2017 年	2018 年
招商银行	3.65	1.73	1.79
兴业银行	3.62	2.17	2.10
民生银行	5.23	3.62	3.40
建设银行	2.57	2.31	2.26

风险抵补的情况

风险抵补是指商业银行抵补风险损失的能力，包括盈利能力、准备金充足程度和资本充足程度三个方面。笔者在本书的第 1 章中已经指出了招商银行的净利息收入能力极强。那么，风险抵补中就要看准备金充足程度（拨贷比）和资本充足程度了（资本充足率），如表 10.8 所示。这里需要说明的是，资本充足率在一般银行股投资者的印象中，主要作用是限制银行的杠杆率，但是实际上二级资本就相当于银行的风险吸收缓冲垫。资本充足率越高的银行也就能够吸收越多的风险。

表 10.8　2016—2018 年 4 家银行的拨贷比与资本充足率（%）

项目		2016 年	2017 年	2018 年
招商银行	拨贷比	3.37	4.22	4.88
	资本充足率	13.33	15.48	15.68
兴业银行	拨贷比	3.48	3.37	3.26
	资本充足率	12.02	12.19	12.20
民生银行	拨贷比	2.62	2.66	2.36
	资本充足率	11.73	11.85	11.75
建设银行	拨贷比	2.29	2.55	3.04
	资本充足率	14.94	15.50	17.19

从上面的数据可以看出，招行在风险指标方面确实远超同业。那么究竟招行是如何做到如此优秀的呢？其实风险控制的本质是找到风险收益更优的组合，实现更高的收益、更低的风险。但是，通常来讲，在充分竞争

的领域，风险和收益往往是联动的，很难找到可以长时间提供超额风险对价的大块资产。但是，招商银行确实找到了一块可以提供超额收益的资产——零售资产。招商银行 2018 年的年报显示，零售贷款的收益率持续显著高于公司贷款，如表 10.9 所示。

表 10.9　招商银行的贷款收益率

	2018 年			2017 年		
	平均余额	利息收入	平均收益率%	平均余额	利息收入	平均收益率%
	（人民币百万元，百分比除外）					
公司贷款	1,743,614	73,954	4.24	1,650,406	65,864	3.99
零售贷款	1,886,389	113,698	6.03	1,694,059	98,386	5.81
票据贴现	195,120	8,718	4.47	164,005	4.608	2.81
贷款和垫款	3,825,123	196,370	5.13	3,508,470	168,858	4.81

资料来源：招商银行 2018 年年报。

而且，招商银行的零售贷款占比几乎达到了 50%，正是零售贷款这一块的收益拉高了整体的贷款收益率。那么，零售贷款的不良率情况如何呢？同样是参考招商银行 2018 年的年报，如表 10.10 所示，可以清晰地看到，公司贷款的不良率显著高于零售贷款。零售贷款中个人房贷占比接近一半，而购房人都很清楚按揭贷款是所有零售贷款中利率最低的，因此，小微贷款、信用卡贷款和其他贷款（消费贷、助学贷、装修贷、车贷等）这几项的收益率肯定是显著高于零售贷款的平均收益率的，而这几种贷款的不良率都远低于对公贷款。所以，这几类贷款就是招行找到的高收益、低风险的宝藏。

表 10.10　招商银行的不良贷款分布

	2018 年 12 月 31 日				2017 年 12 月 31 日			
	贷款金额	占总额百分比%	不良贷款金额	不良贷款率%	贷款金额	占总额百分比%	不良贷款金额	不良贷款率%
	（人民币百万元，百分比除外）							
公司贷款	1,773,929	45.10	37,758	2.13	1,663,861	46.67	41,522	2.50
流动资金贷款	884,660	22.49	25,698	2.90	868,844	24.37	27,300	3.14

续表

	2018年12月31日				2017年12月31日			
	贷款金额	占总额百分比%	不良贷款金额	不良贷款率%	贷款金额	占总额百分比%	不良贷款金额	不良贷款率%
	（人民币百万元，百分比除外）							
固定资产贷款	470,521	11.97	5,067	1.08	397,807	11.16	5,770	1.45
贸易融资	157,093	3.99	2,465	1.57	159,090	4.46	1,516	0.95
其他	261,655	6.65	4,528	1.73	238,120	6.68	6,936	2.91
票据贴现	149,766	3.81	—	—	115,888	3.25	—	—
零售贷款	2,009,339	51.09	15,847	0.79	1,785,295	50.08	15,871	0.89
小微贷款	350,534	8.91	4,682	1.34	312,716	8.77	5,549	1.77
个人住房贷款	928,760	23.62	2,610	0.28	833,410	23.38	2,734	0.33
信用卡贷款	575,490	14.63	6,392	1.11	491,383	13.78	5,470	1.11
其他	154,555	3.93	2,163	1.40	147,786	4.15	2,118	1.43
客户贷款总额	3,933,034	100.00	53,605	1.36	3,565,044	100.00	57,393	1.61

资料来源：招商银行2018年年报。

那么究竟为何这部分资产会呈现显著的高收益、低风险特性呢？其实很好解释，主要的原因包括：

（1）零售客户和银行相比属于相对弱势一方，所以在进行利率谈判的时候缺乏筹码，不得不接受相对更高的贷款利率。

（2）在我国没有个人破产法的背景下，银行对于零售客户的债务具有无限追索权。所以，零售业务的收益和不良率相对对公业务确实有不可比拟的优势。

（3）随着我国个人信用体系的建立，失信的人受到种种限制，所以零售客户违约的成本高得多。

既然零售资产具有这种特性，为何其他银行没有涉足这项业务呢？很简单，因为动手晚了。零售业务本身的特点是业务成本高，投入周期长，见效慢。招行在十几年前就定下了零售业务为主导方向的大基调。经过十几年的持续耕耘，招行已经建立了庞大的客户体系，并且建立了普卡、金卡、金葵花卡、钻石卡、私人银行的分级体系。后来的银行想要发展零售业务，要建立完善的客群体系，所花费的时间和代价恐怕都不是股份行短期可以承受的。

10.3.3　优质的客群

在 10.3.1 和 10.3.2 部分，大家不难发现，无论是净息差还是风控，招行能够取得领先优势，所依靠的都是零售业务。零售业务的特点就是单一客户为银行带来的收益很少，而客户对于银行服务的要求却种类繁多，所以零售业务一向被银行看作脏活、累活。以银行的常见业务拉存款为例，对公的员工如果能搞定一家大型企业的代发或者财务账户，分分钟拉来上亿元的存款，但是如果通过零售去拉存款，同样是拉 1 亿元，按照每人存 10 万元计算，需要拜访 1000 个人，如果每天拜访 3 个，估计要 1 年时间。除了工作量更大外，不同类型的客户需求可能完全不同。所以，鉴于零售银行单位客户贡献度较低，客户需求多样化的现实，建立一个优质的客群对零售银行来说非常重要。

首先，招行建立了一套完整的客户分级体系。在零售客群方面，招商银行按照客户的资产将客群划分为：普卡客户、金卡客户、金葵花客户、钻石卡客户、私人银行客户这 5 个层级。将客户分层最大的好处是可以针对不同的用户提供合适的产品和服务。例如，招行的私人银行客户入门门槛高达 1000 万元人民币，这个客户群体给招行贡献的主要包括活期负债、理财产品的中收、高端信用卡的刷卡回佣、高额寿险销售和家族信托管理等。对于普通卡客户中的年轻人，使用的招行产品和服务主要是信用卡分期、预借现金等。而对于以金葵花客户为代表的中产客户，更关注的是投资咨询、按揭、流动性管理和闪电贷等产品。所以，只有摸清了不同客群的需求，才能有针对性地提供不同的服务。招商银行的客群划分见图 10.5。

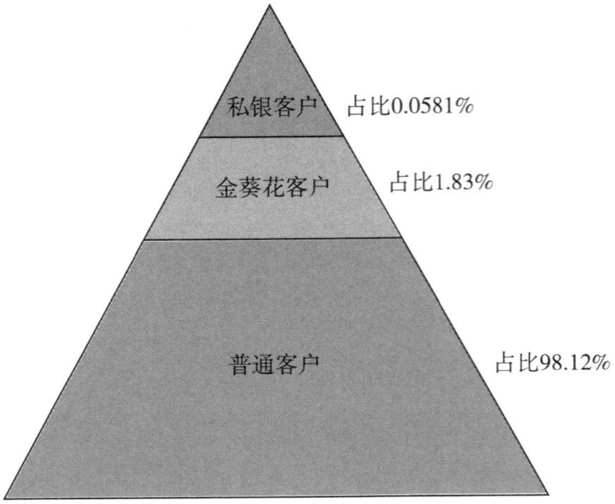

图 10.5 招商银行的客群划分

在招行的客户群体中，最引人瞩目的是高净值群体——金葵花以上的客户。这部分客户占招行的总客户比例不足 2%，其起到的作用却是非常巨大的。金葵花以上客户的资产占比非常高，具体数据可以参考表 10.11。从表中可以看出，金葵花以上的客户占全部零售客户的 2% 左右，但是这部分客户在零售 AUM 的占比在 80% 以上。其中，金葵花客户占比在 2% 左右，占 AUM 为 50% 以上，人均 AUM 为 150 万元左右。而私人银行客户占比只有 0.06% 左右，但是占 30% 左右的零售 AUM，人均 AUM 在 2800 万元左右。所以，高净值客户对于推动招行的负债业务和资管业务起到了至关重要的作用。

表 10.11 2016—2018 年招商银行零售客户数据

项目	2016 年	2017 年	2018 年
零售总 AUM（亿元）	55305	61643.4	68021.05
零售客户数目（万户）	9106	10663	12541.44
金葵花客户 AUM（亿元）	28813	31561	34689.45
金葵花客户 AUM 占比（%）	52.10	51.20	51.00
金葵花客户数（万户）	184.76	205.96	228.97
金葵花客户数占比（%）	2.03	1.93	1.83
私银客户 AUM（亿元）	16595	19052.7	20392.9

续表

项目	2016 年	2017 年	2018 年
私银客户 AUM 占比（%）	30.01	30.91	29.98
私银客户数（万户）	5.96	6.74	7.29
私银客户数占比（%）	0.07	0.06	0.06

虽然高净值客户对招商银行至关重要，但是并不代表普通用户就是无意义的。如果把整个客群比作金字塔，私人银行客户就是金字塔的塔尖，而海量的普通用户客群就是金字塔的塔基。如果没有塔基，金字塔尖端也就不会稳固。实际上在普通客户中，有很多是未来能够成为金葵花甚至私人银行客户的潜力股。招商银行特别重视年轻客户的培养，年轻人是早晨八九点钟的太阳，拥有无限的发展可能。招行对于客户群体的培养，是从小就开始的。比如最早推出的伴你成长卡，突破了以往成年人才能拥有银行账户的限制，让上小学的小朋友也可以拥有自己独立的银行账户，这既有利于帮助家长培养孩子的财商，也能将招行的品牌植入孩子的心里。后续，招行还针对儿童推出了更卡通化的愤怒小鸟亲子联名卡，通过孩子把家长也拉进客群中。类似的举措还有很多，可以说招行在客群经营方面确实做了很多工作，当然结果也是很惊人的，具体数据参考图 10.6。

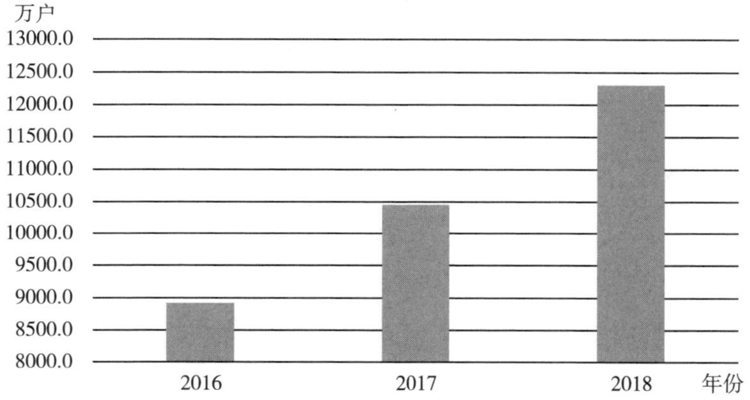

图 10.6　2016—2018 年招商银行普通客群增长

除了零售客群以外，招行在对公业务方面也在着力打造自己的客群体系。对公业务原来曾经是招行的相对短板，但是 2014 年后，招行开始发力对公补短板，特别加强了基础客群的建设。从表 10.12 可以看出，2014—2018 年，招行的对公基础客群成长了 1 倍多。而且从活期占比可以看出对公客户的黏性不断增强。

表 10.12　招商银行对公业务增长

财年	公司口径对公客户数（万户）	公司口径对公存款日均余额（亿元）	对公活期占比（%）
2014 年年报	75.51	19685.56	44.03
2015 年年报	102.78	21632.82	49.43
2016 年年报	129.51	23364.36	57.25
2017 年年报	157.33	25999.15	58.03
2018 年年报	185.8	28377.21	63.97

招行对客户的重视一直体现在其企业文化之中，提出的“因您而变”把服务客户提到了公司战略层面。而正是重视客户体验的文化最终稳固了招行在客群方面的“护城河”。此处引用招商银行 2018 年年报中行长致辞的一段话作为结语：

交易思维是商家立场，服务旅程才是客户立场。打造最佳客户体验银行必须从客户立场出发，全流程设身处地感知并改变银行的产品逻辑、服务方式和交互设计。为此，我们把用户体验工作上升到前所未有的高度，无论零售金融还是公司金融，都建立了用户体验监测体系，实时感受客户的感受，并快速反馈改进。我们要搭建强大的数字化业务中台，力求以智能化方式向线上客户服务平台和一线客户经理赋能，从根本上提升客户体验。

至此，10.3.1、10.3.2、10.3.3 分别从净息差、风控能力和客群 3 个方面阐述了招商银行的“护城河”。但是，这 3 个方面的“护城河”究竟来源于何种更深层次的原因，下文“前瞻的战略布局”重点讨论。

10.3.4　前瞻的战略布局

当今天招行的零售业务被人艳羡的时候，没有人知道早在十几年前其决定发展零售业务时遇到过什么样的阻碍。在 2000 年左右，当时的中国银行业还处于躺着都可以赚钱的黄金时代，没有资本充足率限制，存款准备金率也不高。经济高速发展，企业对于资金的饥渴程度极高。基本上银行只要搞定企业大客户，靠派生存款、放贷、再派生存款就可以快速扩大规模。当时银行的赚钱速度堪比印钞机。招商银行 2002 年上市后有记载的年报可以看到，业绩轻松涨 20% ~30%，如果赶上加息周期净利润增速 50% ~100% 也是有的。就是在所有银行都沉浸在跑马圈地一般的挣钱狂欢中时，招商银行却毅然选择将零售业务作为战略布局方向。相比当时的对公业务，零售业务堪称脏活、累活，一般只有肩负政治任务的四大行才去做零售业务，股份行很少有人把这项业务当作重点去发展。所以，当时对于要不要做零售业务，招行内部也是有一定争议的。最后还是时任招行行长马蔚华力排众议。在明确了零售业务作为主要战略方向后，招行在执行层面作出了一系列在后人看来具有划时代意义的布局。

招行一卡通——存折的终结者

1995 年招行首先推出了一卡通，这个在后来终结了存折的划时代产品，其诞生过程却充满了坎坷。笔者在一些老银行人的聊天中听到一个关于一卡通的故事。据说，当初一卡通的设计者供职于某国有大行，他向领导提出一卡通的想法，但是领导未予采纳。后来，机缘巧合，这位设计者跳槽去了招行，招行领导慧眼识珠，认定此项设计具有颠覆性意义，开始在行内大力推广。

所谓一卡通是招商银行向社会大众提供的、以真实姓名开户的个人理财基本账户，它集定活期、多储种、多币种、多功能于一卡。在此之前，银行的账户以存折为管理单元，一个人名下可以拥有多张存折。这样的设计不利于客户资产的统一管理，而且在办理客户相关业务的时候会人为制造很多障碍，用户不得不保存多个存折。但就是这么一个划时代的产品，在推广的时候，还是遇到很多困难。当年连招行自己的员工都不爱用，大家觉得还是存折上直观显示的余额数字让人更踏实安心。但是，招行认定了一卡通的战略意义，果断决定加大力度推广。后来的事实证明，一卡通和存折比确实具有巨大的优势。

招行信用卡——中国个人信用贷的开山鼻祖

虽然在1985年中国银行发行了第一张信用卡，但是这种卡需要先存款后消费，并不能算作真正的信用卡，而应该算“准贷记卡”。直到2002年，整个银行业对于信用卡都持观望态度。因为标准信用卡涉及中国银行业之前没有涉及的一个禁区——个人信贷。但是，招行并没有满足于“准贷记卡”模式，经过长时间反复论证，最终在2001年6月的董事会上由当时的董事长秦晓亲自拍板，定下来要以事业部的形式独立运作信用卡业务，并在2002年12月3日推出了第一张符合国际标准的信用卡。不仅如此，在2003年5月21日，招商银行收到了人民银行发来的非正式内部文件，大意是说从2003年6月1日起允许居民非贸易项下的人民币自由兑换。招行抓住这一千载难逢的契机，用两天的时间制定了所有的支持流程。2003年5月29日，当人民银行宣布此消息的时候，招行的广告同步放送：境外消费，境内人民币还款。经此一役，招行信用卡声名鹊起，发卡量一路飙升。到2005年4月8日，招商银行信用卡发行量突破500万张，名列全国第一，占全国信用卡发行量的1/3。2007年初，招行信用卡实现盈利，比原来预计的8年盈利提前了4年。正是2001年招行信用卡的战略布局，奠定了今天招商银行在个人信用贷领域的霸主地位。

私人银行——第一家摘取王冠明珠的中国银行

私人银行被称为银行业务王冠上的明珠，这项业务的特点是高附加值，但是对从业者的要求也极高。一直以来，中国银行业都没有涉足这一领域，直到2007年迎来了国内第一家吃螃蟹的银行。经过12年的努力，招商银行的私人银行已经成为国内最优秀的私人银行。2008年，按照1000万元的门槛标准，招行全行达标的客户不过3000人，但是到了2018年，招行私银客户已经达到7.29万人，12年的时间客户增长了近20倍。客户AUM超过2万亿元，在国内排名第一。

从中国银行业最近几十年的发展历史可以看到，在以规模取胜的银行 1.0 时代，招行未雨绸缪布局了零售业务，所以在其后的以结构和质量取胜的银行 2.0 时代，才能获得超越同业的竞争优势。而招行的掌舵人也敏锐地捕捉到金融科技对即将到来的银行 3.0 时代的重大影响，已经在积极布局金融科技，拥抱金融科技。

过去 20 年，招行的每一次成功都来自前瞻性的战略布局，这才是其最核心的“护城河”。从目前看，这一“护城河”还在进一步加宽中。